Pierre Stutz

Kleines Buch vom Kreis des Lebens

Pierre Stutz

Kleines Buch vom Kreis des Lebens

HERDER

FREIBURG · BASEL · WIEN

Pierre Stutz, Theologe, spiritueller Begleiter, langjährige Erfahrung in Jugendseelsorge und Erwachsenenbildung, Ausbildung im Sozialtherapeutischen Rollenspiel, Mitbegründer des offenen Klosters Abbaye de Fontaine-André in Neuchâtel/Schweiz, rege Kurs- und Vortragstätigkeit im ganzen deutschsprachigen Raum, Autor vieler erfolgreicher Bücher zu einer Spiritualität im Alltag,
Im Internet: www.pierrestutz.ch

Inhalt

Wir werden eingetaucht
und mit dem Wasser der Sintflut gewaschen,
wir werden durchnäßt
bis auf die Herzhaut.
Der Wunsch nach der Landschaft
diesseits der Tränengrenze
taugt nicht,
der Wunsch, den Blütenfrühling zu halten,
der Wunsch, verschont zu bleiben,
taugt nicht.
Es taugt die Bitte,
daß bei Sonnenaufgang die Taube
den Zweig vom Ölbaum bringe.
Daß die Frucht so bunt wie die Blüte sei,
daß noch die Blätter der Rose am Boden
eine leuchtende Krone bilden.
Und daß wir aus der Flut,
daß wir aus der Löwengrube und dem feurigen
    Ofen
immer versehrter und immer heiler
stets von neuem
zu uns selbst entlassen werden.
    Hilde Domin

Zur Einstimmung

Zehn Jahre lang habe ich am Rande der Stadt
Neuchâtel gewohnt, am Waldrand im Schweizer Jura – einer Landschaft voller Berge und
Wälder, Wasser, Felder und Felsen. Meine Zeit
im offenen Kloster Abbaye de Fontaine-André
hat mich wesentlich geprägt (Abbaye de
Fontaine-André, Neuchâtel/Schweiz,
www.fontaine-andre.ch). Fontaine-André ist
ein Kraftort: Mit seiner Quelle, seinen
Brunnen und Teichen, seinem großen Garten,
seinen Feldern, seinen Tieren und Bäumen,
seinen Wiesen, seinen Libellen, seinen Sträuchern und seinen Kräutern, seinen vielen Blumen und Seerosen, seiner Stille und all seinen
Menschen hat er mich und mein spirituelles
Leben verwandelt. In Fontaine-André bin ich
einer mystischen Lebensgestaltung begegnet,
die aus dem tiefen Eingebundensein in
Schöpfung und Kosmos lebt. Seitdem meditiere und studiere ich intensiv mystische Texte

und konkretisiere sie in einer bewussten Lebensgestaltung der Achtsamkeit und des Mitgefühls. Diese Alltagsspiritualität ist auch geprägt und genährt vom regelmäßigen Rhythmus der Jahreszeiten, den ich als große innere Befreiung erlebe. Er ist mir in meiner persönlichen Entfaltung und in der spirituellen Begleitung von hunderten von Menschen zum Sinnbild eines zyklischen, dynamischen, prozessorientierten Wachsens und Reifens geworden. Meine von einer leistungsorientierten Sozialisation geprägte Einstellung erfährt durch diesen gesunden Rhythmus eine *not-wendende* Korrektur. Der Kreis des Lebens in den verschiedenen Jahreszeiten ermutigt mich mit seinen Gegebenheiten in der Entfaltung meiner Lebenskraft und im Integrieren meiner Grenzen. Da begegne ich Zeiten von höchster Aktivität und Kreativität und zugleich Zeiten der Langsamkeit, des Wartens und der Leere – in denen aber auch Wesentliches geschieht. Solch zyklisches Fühlen und Leben kennt keine sinnlose Wiederholung, sondern ein ausgeglichenes Wiederholen der verschiedenen Wachstumsaspekte, die zu einem gesunden Gleichgewicht bewegen.

Der Wechsel der Jahreszeiten ist für mich nicht eine bedauerliche Panne, etwas Vermeidbares, sondern ein Teil des – fast möchte ich ganz altmodisch sagen – ‚irdischen Lebens‘, das von und in diesem Wechsel lebt. Was mir Angst macht, ist die technokratische Sicherheit, dass alles, was es auf Erden gibt, verfügbar und käuflich ist ... Wir benötigen eine neue Spiritualität, die den Rhythmus des Lebens kennt und akzeptiert. Wir können uns selbst unterbrechen, um diesen Rhythmus des Lebens wahrzunehmen und uns in ihn einzustimmen. Er ist vor uns da und nach uns da.

Dorothee Sölle

Die folgenden Meditationstexte sind zuerst erschienen in der umfangreicheren Ausgabe „Zeit des Wachsens – Zeit des Reifens" (Freiburg 2003/2007). Sie sind inspiriert von den vielfältigen Aspekten, die in den einzelnen Jahreszeiten aufscheinen. Es ist ein befreiendes Menschenbild, das dem lebensfeindlichen Gesetz des Immer-Mehr und Immer-Schneller, innere Wachstums- und Reifungsbilder entgegensetzt, in denen Werden und Loslassen, Fruchtbringen und Brachzeit, Gelingen und Scheitern auch in meiner Selbstwerdung, in meinen Beziehungen und in meinem verantwortungsvollen Engagement Zeit und Ort haben und sein dürfen.

Das „Kleine Buch vom Kreis des Lebens" lädt dazu ein, dass ich den Kraftort in mir entdecke, der mich zu einem einfachen, gesünderen Lebensstil motiviert und zu einer ökologischen Achtsamkeit, die allen Geschöpfen mit Mitgefühl und Solidarität begegnet.

Pierre Stutz

1

Der Frühling in mir:

Aufblühen und wachsen

Den Frühling begrüßen

Den Frühling begrüßen in mir
der neuen Lebenskraft trauen
die mich zum Aufbruch erwachen lässt
die meine Ängste verwandelt in Vertrauen

Den Frühling begrüßen in mir
dem aufblühenden Leben trauen
das mich beziehungsfähiger werden lässt
das Misstrauen verwandelt in Solidarität

Den Frühling begrüßen mit dir
gemeinsam durch die Felder ziehen
staunend die Grünkraft genießen
sie tief einatmen und sich aufrichten lassen

Den Frühling feiern in Gemeinschaft
eintauchen in die Erinnerung
dass Befreiung möglich ist
aus Fremdbestimmung und Unterdrückung

Den Frühling begrüßen in mir
jenes Urvertrauen wachsen lassen
dass aufmerksam die kleinen Wunder entdeckt
die zu großen Visionen führen

Den Frühling feiern mit allen Sinnen
voller Dankbarkeit erahnen
wie aus begrabenen Hoffnungen
neues Leben wachsen kann

Den Frühling begrüßen in mir
als Hoffnung stiftende Knospe in meinem
    Innern
die zur zärtlichen Gerechtigkeit bewegt
und zum Mitgefühl mit allen Geschöpfen

Den Frühling begrüßen mit dir
einander tief in die Augen schauen
als sei es zum ersten Mal
die erotische Lebenskraft genießen

Den Frühling erleben in Gemeinschaft
einander im Freien das Rückgrat stärken
staunen über das Erwachen der Natur
miteinander Aufstehen für mehr Lebens-
    qualität

Den Frühling meditieren als inneres Bild
als Zeit des Säens, Hegen und Pflegens,
als Zeit des Aufatmens und Neuaufbruchs
als Zeit des Aufblühens und Wachsens

Die Zeit der Knospen

Wenn ich im Februar und März wochenlang an kahlen Sträuchern und Bäumen vorbeigehe, die oft wie abgestorben aussehen, dann ertappe ich mich bei dem hoffnungslosen Gedanken, dass dieses Jahr vielleicht nichts Neues wachsen wird. Ich werde konfrontiert mit meiner Ungeduld. Denn ich weiß ja: Obwohl sich im Inneren der Knospen ganz viel tut, obwohl sich in größter Langsamkeit höchste Aktivität ereignet, ist nach Außen ganz lange nur das Kahle, Erstarrte, scheinbar Leblose sichtbar. Dass das bei den Pflanzen so ist, lässt mich anders auch mit mir, mit den andern umgehen, gerade in Zeiten der Krankheit, der Neuorientierung, der Arbeitssuche, bei der Begleitung von Kindern und Jugendlichen in Umbruchzeiten. Manchmal kann es sehr lange dauern, bis die „Knospen" sich bei jemanden auftun, bis der „Knopf aufgeht".

Wenn ich dann schließlich im Vorbeigehen die ersten kleinen grünen Blätter entdecke und die Knospen meditiere, die ganz unscheinbar und doch schon voll innerer Lebenskraft sind, dann staune ich jedes Jahr voll tiefer Dankbarkeit. Ich erwache. Ich werde erleuchtet. Ich erlebe das große Wunder des Frühlings, des Neuaufbruchs. Ich stehe da zwischen Erde und Himmel, atme tief ein und aus und verinnerliche das Geheimnis des Sterbens und Werdens. In solchen Momenten ist mir jedes Wort zu viel, ich bin einfach da und staune und danke und bin berührt vom Geschenk des Lebens.

Dieser unscheinbare und großartige Vorgang in der Schöpfung lässt mich fragen, wo und wie ich das neue aufkeimende Leben in mir und in meinen Beziehungen und in politischen Neuaufbrüchen wahrnehme, unterstütze, hege und pflege? Der unbeirrbare Aufbruch, das lebendige Wachsen bringt mich aber auch in Verbindung mit lebensbehindernden Sätzen wie

„Da ist eh nichts mehr zu machen!"

„Die Zeit der Wunder ist vorbei!"

„Das ist absolut unmöglich, vergiss es!"

„Dieser Mensch ändert sich bestimmt
nicht mehr!"

„Wir brauchen Realisten, keine Träumer!"

„Das ist nun mal so, damit musst du dich
abfinden!".

Knospen konfrontieren mich mit der Frage
nach der Hoffnung in meinem Leben. Wer
nährt meine Hoffnung? Wie kann ich Widerstand leisten, damit all die vielen Hoffnungs-
ansätze, die oft auch in Nebensätzen ausgedrückt werden, nicht durch Resignation
und Apathie im Keim erstickt werden? Welche
lebensbejahenden und lebensfördernden
Sätze stärken mein Vertrauen in ein neues
Wachsen und Reifen im Leben?

Die Zeit der Rückkehr

Am Frühling fasziniert mich die Rückkehr der Vögel. Ihr Zwitschern am Morgen ist für mich Ausdruck der Lebenskraft und der Lebensfreude, die nach Zeiten der Müdigkeit und der Verunsicherung zurückkehrt und mich neu belebt. Darum sind die Vögel für mich ein Gebet, weil ich durch sie diese Rückverbindung mit der göttlichen Lebensquelle in mir und in allem wahrnehme. *Rückkehr* muss also überhaupt nicht einen *Rückstand* bedeuten – ganz im Gegenteil: Manchmal entdecke ich erst durch eine Rückkehr, wie ich und auch die anderen sich verändert, sich verwandelt haben. Es gibt dieses alte englische Lied „Morning has broken", das auch Cat Stevens gesungen hat und das von der Erfahrung erzählt, dass die Vögel am Morgen singen, als sei dies der erste Tag, den sie voll Staunen erleben – und dass jeder neue Morgen etwas von diesem ersten Schöpfungstag hat. Wenn ich bewusst früher aufstehe, in das Erwachen eines Frühlingsmorgens hinausschaue und die Lebensmelodien der Vögel höre, dann kann die Erfahrung für mich diese Intensität des „ersten Mals" haben. Nach jeder Nacht, nach jeder Dunkelheit, nach jeder Verunsicherung kehrt ein neuer Morgen zurück. Wie alle Tage – und doch völlig neu. In all meinen Entwicklungen darf ich auf diese Rückkehr vertrauen.

Rückkehr ist für mich auch mit Orten verbunden – und da gibt es Orte, an die ich gerne zurückkomme, und solche, die ich für immer meiden möchte. Wo sind meine/unsere Orte der Hoffnung, die mich beleben, zu denen ich gerne zurückkehre, bei denen ich schöpfen kann aus den uralten Schätzen der Tradition?

Wo sind meine/unsere Orte der Erinnerung, in denen Kraftvolles gefeiert und Himmelschreiendes durch ein Mahnmal nicht vergessen wird?

Und wo sind jene schrecklichen Orte, die ich meiden möchte, an die ich nie mehr zurückkehren möchte? Könnte eine Rückkehr, die sehr schmerzvoll sein kann, meine innere Heilung wachsen lassen? Was und wen brauche ich zur Hilfe oder Unterstützung, damit ich mich nochmals konfrontieren kann mit einem lebensbehindernden Ort?

Wie schütze ich mich vor Orten oder auch Menschen, die mir nicht gut tun, die meine Lebenskraft blockieren?

Die Reise der Zugvögel ist für mich ein Bild der tiefgründigen Erfahrung, dass die Sehnsucht nach Ankommen, nach Beheimatung, nach Rückverbindung (lateinisch *re-ligio*) in uns nie gestillt sein wird.

Auch intensives Meditieren und aufmerksames Gestalten meines Umganges mit mir selber, den anderen, der Schöpfung und in alledem mit dem Göttlichen wird mich nicht vor dieser heiligen Unruhe bewahren. Dadurch bleibe ich lebendig. Ich kann aufbrechen, Neues wagen – und auch zurückkehren.

Die Zeit des Säens

Säen heißt etwas Kostbares aus der Hand geben, um es unserer Mutter Erde anzuvertrauen. Ich erinnere mich, wie auf dem Bauernhof meiner Großeltern das Saatgut „heilig" war, von größtem Wert. Es durfte nicht angetastet und vor der Zeit verbraucht werden, denn es bedeutete das tägliche Brot des nächsten Jahres. Darum bin ich bis heute entsetzt, wenn ich ein Stück Brot oder andere Lebensmittel in einem Abfalleimer entdecke. Es trifft mich ganz tief in meinem religiösen Empfinden. Darum segne ich bis heute wie meine Großmutter, wie meine Mutter das Brot vor dem Anschneiden: als Ausdruck tiefster Dankbarkeit.

Bevor das kostbare Saatgut losgelassen wird, braucht es das Zubereiten und Lockern der Erde. Vor dem Loslassen braucht es die Gabe des Einlassens auf das, was schon da ist. Das Öffnen, Lockern der Erde, das Bewässern, das Hegen und Pflegen der jungen Saat liegt in meiner Hand, das Wachstum bleibt immer Geschenk und Geheimnis.

In den Wachstumsgleichnissen, die Jesus in der Bibel erzählt (Markusevangelium, Kap. 4), kann ich diese tiefe Lebensweisheit verinnerlichen. Jener Liebhaber des Lebens aus Nazaret war tief verliebt in die Schöpfung.

Wenn das Weizenkorn nicht in die Erde fällt und stirbt, bleibt es allein; wenn es aber stirbt, bringt es reiche Frucht.
Johannes 12,24

Diese Lebensweisheit findet sich auch in andern Religionen und Kulturen, denn ich kenne keinen spirituellen Weg, der nicht ein Weg des ständigen Loslassens ist.

Hinausgehen ins Leben,
Eintreten in den Tod.
Laotse

Wenn sich im Frühling unsere Sehnsucht nach Lebendigkeit verstärkt, dann sind wir zugleich konfrontiert mit unserer Angst vor wirklichem, echtem Leben! Denn echtes, intensives, lustvolles Leben ereignet sich in der Hingabe an das Leben, das immer im Werden ist. Es bedeutet auch, die Kontrolle aufzugeben und dem Vertrauen neue Räume zu eröffnen. Neues Leben geht einher mit dem Fallen in den Grund meiner Hoffnung und meiner Sehnsucht. Neues Leben geht einher mit der manchmal großen Unsicherheit des Wartens, dem Vertrauen darauf, dass die Saat im Dunkeln keimt und aufgeht. Wer die Prozesse der Natur in seinem persönlichen und gesellschaftlichen Leben bewusster verinnerlicht, der begegnet keiner romantisch-naiven Idealisierung der Natur, sondern der Kraft und der Härte des Lebens.

Und so heißt Säen: mein Vertrauen in das Wachstum erneuern, indem ich mein Bedürfnis nach Sicherheit sterben lasse.

Säen heißt annehmen, dass ich das Leben nie im Griff haben kann, dass es sich vielmehr in der Auf-gabe – im doppelten Sinn – entfalten kann.

Säen heißt dem Leben zutrauen, dass es sich fruchtbringend entfalten wird, wenn ich mich dem Urgrund allen Lebens anvertraue.

Säen heißt annehmen, dass das Wesentliche nicht verfügbar ist und dass darum eine ökologische Ethik dem Leben zuliebe notwendig ist.

Säen heißt eine beharrliche Geduld kultivieren, in der ich neu entscheiden muss, wann aktives Warten und wann Zupacken notwendig ist.

Die Zeit des Aufblühens

Ganz warm wird mir ums Herz, wenn ich die Blütenpracht im Frühling erlebe. Intensivstes Leben erwacht da in eindrücklichen Bildern voller Gegensätze: ein blühender Kirschbaum auf einem noch sehr kahlen Feld, Apfelblüten auf zartgrünen Wiesen. Es sind solche Bilder und Eindrücke, die in mir eine große Toleranz fördern, einen respektvollen Umgang mit den Gegensätzen, die unsere Welt reich und schön machen. Die frühen Schlehenblüten, die die schwarzen Zweige und manchmal eine ganze Landschaft erhellen, verdeutlichen in mir, was wirkliches Glück ist. Es liegt paradoxerweise in der Annahme, dass mir im Leben immer Glück – und Unglück begegnen werden. Ich sauge diese Wachstumsbilder regelrecht auf in mir, denn sie erinnern mich an all die Situationen im Leben, in denen ich erlebte, dass Menschen aufgeblüht sind. Was gibt es Schöneres im Zusammensein, als wenn Menschen mit ängstlichen, misstrauischen, bedrückten Gesichtern und gekrümmter Haltung auf-blühen – dank einer Atmosphäre des Vertrau-ens und der gegenseitigen Anerkennung in der Verschiedenheit? Angesichts der früh-lingshaften Blütenpracht kann ich dem Leben zulachen und voller Dankbarkeit die ganze spielerische Kreativität und die unermessliche Fantasie der Schöpfung genießen. All dies wird mir zum Sinnbild jener mystischen Lebensgestaltung, die den Menschen nicht von seinen Mängeln her definiert, sondern von seinem unerschöpflichen Potenzial an ge-stalterischer Kreativität. Im Anfang war nicht die Ursünde, sondern der Ursegen: Diese An-nahme ist für mich entscheidend im Umgang mit mir und meinen Mitmenschen. Sie lässt mich unermüdlich an das Gute im Menschen glauben, an sein Verwandlungspotenzial, seine Fähigkeit, bis zur letzten Sekunde seines Lebens immer wieder neu angerührt zu werden von einem tiefen Staunen, das trotz Gebrechlichkeit, Fehlern und Schattenseiten zum wohltuenden Aufblühen, zur Entfaltung bewegt. An den Ursegen glauben heißt auch, zum Widerstand aufrufen, um den Spiel-Raum, das Spielerische im Leben, in unseren Beziehungen, in Familie und Berufsalltag wieder bewusster wahrzunehmen und zu kultivieren. Ich begegne Tag für Tag den großen Wundern, die so unscheinbar und so kraftvoll von der Großzügigkeit, der Verletzlichkeit und der Kraft des Lebens erzählen. Ich denke dabei an die Blüten, die von einem rauen Wind zerzaust und abgerissen werden können, und zugleich an den zärtlichen Blütenregen, der vom Verschwenderischen der Schöpfungskraft erzählt. Eine Spiritualität des Staunens über das Wunder des neuen Aufblühens und des Loslassens auch dessen, was uns kostbar ist, gelingt, wenn wir uns nicht von einer geizigen Haben-Mentalität gefangen halten lassen, sondern vermehrt aus dem Sein leben. Offen großzügig und immer verletzlich.

Unsere Welt braucht dringend mehr Frauen und Männer, die sich selber finden

und die sich vom Leben finden lassen, damit
sie ihre geschenkten Gaben zum Blühen
bringen können und dadurch selbstbewusster
und selbstloser im Leben stehen.

Die Ros' ist ohn warum:
sie blühet, weil sie blühet,
sie acht nicht ihrer selbst,
fragt nicht, ob man sie siehet.
    Angelus Silesius

Die Zeit der Rückschläge

Unerwartete Kälteeinbrüche und Frost im Frühling erzählen von der Bedrohung, der neues Leben ausgesetzt ist. Was heute in voller Blüte dasteht, kann über Nacht zerstört werden. Das ist eine schmerzvolle Erfahrung, und wir werden uns mit ihr ein Leben lang schwer tun. In mir begehrt alles auf, wenn verheißungsvolle Anfänge und Neuaufbrüche durch Neid und Missgunst, durch Kleinlichkeit und Oberflächlichkeit blockiert und verhindert werden. Ein unaufhaltsamer Schrei nach Leben macht sich in mir dann Luft. Da empöre ich mich, da wehre ich mich, da stehe ich auf für mehr Lebensqualität.

Zugleich bin ich aufgefordert, einen konstruktiven Umgang mit den Rückschlägen im Leben zu lernen. Zunächst drängt sich die Frage des Schutzes auf: Wie gelingt es mir, die zarten, verletzlichen Seiten zu schützen? Wie kann ich anderen Menschen weniger Macht geben, die mich am Reifen hindern wollen, weil sie mich kontrollieren, besitzen wollen und nicht gehen lassen können? Wie gelingt es mir, trotz Verletzungen nicht um mich selber zu kreisen und im Selbstmitleid zu versinken, sondern mich neu zu öffnen, neu zu hoffen und zu vertrauen? Es sind dies zentrale Lebensfragen, mit denen ich nicht alleine bleiben kann: Es braucht verschiedene Ebenen des Austausches und der Begleitung, um gut und gesund mit Rückschlägen umgehen zu können.

Hilfreich ist mir auch die Erfahrung des Auszuges des Volkes Israel aus der Sklaverei, aus der Selbstentfremdung, von dem die Bibel erzählt. Nach dem begeisterten Aufbruch, in dem so viele Kräfte und Verbündete mobilisiert werden konnten, kommt sehr bald die Ernüchterung, Zweifel werden laut, Ungeduld, Murren und Resignation breiten sich aus. Offenbar gehören sie zu jeder Aufbruchsinitiative – und im Aushalten und Überwinden wird deutlich, wie wichtig das ins Auge genommene Ziel wirklich ist. Jeden Frühling kann ich neu lernen, alles zu tun, um das Wachstum zu schützen und zugleich anzunehmen, dass es bedroht ist. Das Wesentliche im Leben ist nicht machbar. Rückschläge im Leben stellen uns vor die Frage, ob wir in der Opferrolle bleiben wollen, ob wir uns ein Leben lang „durchjammern" wollen, oder ob wir unser Leben selber in die Hand nehmen – wohl wissend, dass es nie allein in unseren Händen liegt. Wenn unsere Hoffnungen durch-kreuzt werden, unsere Ideale in Frage gestellt werden, dann sind wir aufgerufen, in die Tiefe zu gehen. Geerdete Spiritualität entsteht in der Auseinandersetzung, im Konflikt, im Umgang mit Widerständen. Es führt mich zur mystischen Erfahrung, nicht außer mir zu bleiben, mich nicht von den Meinungsfragen leiten zu lassen, sondern den Weg durch meine Wüste, meine Einsamkeit zu gehen. Da werde ich Verunsicherungen begegnen und Durststrecken erleben und zugleich unerwartete Oasen und überraschende Verbündete finden. Die Dynamik des Aufbruchs ist entscheidend für Veränderung auf unserer Welt, das Dranbleiben, Durchtragen und Aushalten von Zweifel ist ebenso wichtig, um mit beharrlicher Geduld und Klugheit sich und seinen Idealen treu zu bleiben.

Die Zeit der Verwandlung

Frühlingszeit ist Verwandlungszeit: Erstarrtes, Eingefrorenes erwacht zu neuem Leben. Alle Frühlingsfeste in allen Religionen erzählen von diesem Übergang von Totgesagtem zu neuem Leben. Viele Märchen wissen von der Verwandlungskraft, die ganz tief in der Schöpfung und in uns Menschen angelegt ist. In der christlichen Tradition ist es das Ostergeschehen, das von dieser Lebenskraft erzählt, von der Fähigkeit, an Krisen wachsen und reifen zu können. Diese Verwandlung ist allerdings nur möglich, wenn ich wage anzuschauen, was meine Lebensenergie blockiert und erstarren lässt. Indem ich meine *durch-kreuzten* Hoffnungen *wahr-nehme,* im Klagen und Mitschreien, geschieht Verwandlung zu neuem Leben. Ich bin herausgefordert, durch meinen Schmerz hindurchzugehen. Als kleiner Junge hatte ich im kalten Winter oft eingefrorene Finger. Der Prozess des Einfrierens geschah zunächst fast unmerklich, meine Bewegungs-freiheit war zwar eingeschränkt, doch sogar damit ließ es sich gut spielen im Freien. Un-glaublich schmerzvoll war dann die Erfahrung des Auftauens. Die heilende Wärme, die im geheizten Zimmer meine Fingerspitzen wieder belebte, ließ mich laut aufschreien – so weh tat es, so groß war der Schmerz. Diese wiederkehrende Erfahrung hat sich mir bis in die Fingerspitzen eingeprägt und mir einen Zugang zum Schweren im Leben eröffnet. Schmerz und Leiden müssen nicht gesucht und dürfen auf keinen Fall verherrlicht wer-den. Zugleich gibt es oft keine echte Heilung, keine Verwandlung ohne Schmerz, ohne den Übergang vom Dunklen zum Licht. C. G. Jung spricht davon, wenn er den Selbstwerdungs-weg als andauernde Verwandlung sieht. Der Übergang vom Leiden zu neuem Leben wird im christlichen Deutungsversuch mit dem Bild des Hinabsteigens in die eigenen Ab-gründe, in das „Reich des Todes" verdeutlicht. Verwandlung geschieht in mir, wenn ich meine Gefühle nicht mehr bewerte, sondern sie wahrnehme, um sie dann gestalten, integrieren und verwandeln zu können. Auch in meinen Schattenseiten verbirgt sich eine tiefe Lebenskraft, die erlöst werden möchte. Erlösung und Verwandlung geschieht, wenn ich mich von der Vorstellung löse, vollkommen sein zu müssen. Ein spiritueller Mensch ist eine Frau, ein Mann, die/der sich wie jedem Menschen Verwandlung zugesteht. Es liegt ihr die Erkenntnis zugrunde, dass ich meine Mitmenschen nicht ändern kann: Das ist keine fatalistische Aussage, sondern eine realistische Hoffnungsperspektive. Meine Beziehung zu den andern verwandelt sich, wenn ich in mir einen anderen Zugang zu ihnen finde. Die Verwandlungskraft des Frühlings verstärkt in mir dieses Vertrauen in das Gute in allen Menschen. Im Frühling spüre ich deutlicher als in anderen Jahreszeiten diese unbändige Lebenskraft, die mir hilft zu glauben, dass alles gut wird. –

Verwurzelt im Rhythmus der Schöpfung
geschehen lassen und aktiv sein
in die Tiefe gehen und der Höhe zugewandt
Brachzeit wagen und ganz im Element sein

Befreit zum Rhythmus der Schöpfung
nicht immer Höchstleistungen vollbringen
    müssen
hegen und pflegen von Visionen
die sich durch wachsendes Reifen entfalten

Bewegt zum Rhythmus der Schöpfung
Fülle und Kargheit
Einmaligkeit und Verschiedenheit
Werden und Sterben

Ermutigt zum Rhythmus der Schöpfung
nicht in Allmachtsfantasien stecken bleiben
echte erdverbundene Demut fördern
die sich durch Entfaltung und Bescheidenheit
    auszeichnet

Die Zeit der ersten Wärme

Wie sehr wir mit Leib und Seele auf das Wetter reagieren, lässt sich gut an der ansteckenden Aufbruchstimmung erkennen, die uns Menschen bei der ersten Wärme mit ihren wohltuenden Sonnenstrahlen öffnet für neue Begegnungen. Auf einmal zieht neues Leben ein auf den Spielplätzen, in den Straßencafés, am See und im Wald, auf den Balkons und in den Gärten.

Die ersten Frühlingstage laden mich ein, die Kunst des Genießens zu kultivieren. Ein langsames, behutsames Sich-Annähern an die Sonne ist gefragt, sonst überfordere ich meinen Leib und erkälte mich. Nach dem kalten, dunklen Winter brauche ich Licht und Wärme und setze mich beidem dennoch nur vorsichtig aus. Auch unsere Seele, das Lebendige im Menschen, braucht immer wieder Zwischen-Räume, Rückzugsmöglichkeiten, um sich wirklich entfalten zu können. Dies sagt sich so leicht. Es ist gar nicht so einfach, behutsam zu warten, wenn ich mich schon so lange nach Nähe und Wärme, nach Intimität gesehnt habe. Es gehört zum Schwierigsten im Leben, sich Zeit zu lassen und doch den Zeitpunkt nicht zu verpassen, wo ein Neuaufbruch gewagt werden muss. Zeiten des Überganges sind notwendiger denn je in unserer Welt; wir erfahren sie, wenn wir die Zeiten des Jahreslaufes wirklich wahrnehmen, und wir lernen in ihnen, die Wunder der Natur mehr auskosten und genießen zu können. Die verschiedenen Bräuche und Frühlingsfeste, die den Winter vertreiben sollen, ermutigen uns zu einer bewussteren Lebensgestaltung, in der ich nicht alles auf einmal haben muss – und zwar *subito!* –, sondern in der ich mich langsam öffnen kann für mehr Nähe und für neue Begegnungen.

Dass nicht wenige Menschen gerade beim Erwachen des Frühlings depressive Verstimmungen spüren oder sogar in eine Depression fallen können, zeigt, wie komplex unser Empfinden ist. Was für viele unverständlich ist, ist eigentlich ein natürlicher Vorgang. Zu viel Licht, zu viel Sonne auf einmal ertragen wir nicht. Wenn in den Berichten der Bibel von Begegnungen mit Engeln immer wieder die Worte „Fürchtet euch nicht" anklingen, dann erzählen sie von der Erfahrung, dass wir vor Freude, vor Glück weinen können. Dass wir angesichts des Wunderbaren auch erschrecken. Dass vordergründig schöne Erlebnisse uns mit dem Schmerz, mit der Dunkelheit und Kälte in und um uns konfrontieren können. Wenn ich darum weiß, kann ich mich auch schützen, um mir in meinem Rhythmus behutsam die Zeit zu lassen, die ich brauche, um in mir länger Erstarrtes, im Verborgenen Gehaltenes, Schwieriges auftauen zu lassen. Da helfen mir die Jesusworte, ein Leben lang vertrauensvoll wie ein Kind zu bleiben. Dies hat nichts mit Regression oder kindischem Verhalten zu tun. Wirkliches Leben ereignet sich immer im Paradoxen, in Gegensätzen, im Werden und Sterben. Ein Leben lang klein anfangen können heißt, mich herantasten und mir die „Finger verbrennen", klug sein und Fehler machen dürfen. Wir brauchen eine Kultur des Genießens, weil uns diese Kunst in unserer konsumorientierten Welt immer mehr abhanden gekommen ist – wir brauchen immer mehr Gefühlskicks, um ein bisschen was zu spüren! Wir sind eine in hohem Maße süchtige Gesellschaft, weil wir immer mehr brauchen und immer weniger lang genießen können. Im Entfalten eines achtsamen Lebensstiles spüren wir, wann wir dabei sind, zu sehr zu kompensieren, anstatt auf unsere eigentlichen Bedürfnisse zu achten, wann wir durch übermäßigen Genuss bloße Symptombekämpfung betreiben, ohne der wirklichen Sehnsucht nach Anerkanntsein, nach Beziehung, nach Engagement zu begegnen. Der Umgang mit der ersten Wärme verweist uns auf wesentliche Menschheitserfahrungen, an denen wir arbeiten sollen, auch wenn wir sie nie ein für allemal gelöst haben werden.

Zeit zum Verlieben

Kürzlich hat mir eine achtzigjährige Frau erzählt, dass sie sich im Frühling intensiv verliebt hatte. Noch nie hätte sie in ihrem Leben so leidenschaftliche und widersprüchliche Gefühle erlebt: himmlische Gefühle der Leichtigkeit, Angst und Verunsicherung, Wehmut über den viel zu späten Zeitpunkt dieser Erfahrung! Bei allem Mitfühlen dieser unterschiedlichen Gefühle war es für mich eine Wohltat, vor allem die Lebendigkeit dieser Erfahrung zu spüren.

Verliebtsein ist so wunderschön: das Angerührtsein von einem Menschen, das Vibrieren der Schmetterlinge im Bauch, das unerklärliche Sich-hingezogen-Fühlen zu diesem einen Menschen – es gäbe ja so viele andere –, die erotische Lebenskraft, die beflügelt, die von Zärtlichkeiten erfüllten Begegnungen, in denen Raum und Zeit wie aufgehoben sind ... Ein Lächeln, das genügt, um einander zu verwandeln und ohne ein Wort tief zu verstehen ...

All dies und vieles mehr lässt sich in jedem Alter und natürlich nicht nur im Frühling erfahren; doch der Frühling weckt diese tiefe Sehnsucht nach Anerkennung, nach Beziehung und Beheimatung und nach Verwandlung ganz besonders in uns. Diese Erfahrung zeigt, wie sehr unser ganzes Wesen auf ein *Du* angelegt ist und wie wir nur in dialogischen, auf Gegenseitigkeit angelegten Beziehungen wir selber werden können.

Die spirituelle Kraft des Verliebtseins weist über uns hinaus auf unsere tiefe Sehnsucht nach dem Göttlichen. Wir erleben sie auch im lustvollen, verantwortungsvollen Gestalten unserer Sexualität, weil diese schöpferische Gabe ein wunderbares Geschenk Gottes ist, die zum Lieben und zum Geliebtwerden bewegt. Sie ist eine Quelle für die Erfahrung des Erotischen, für Kreativität und für die Fähigkeit, uns mystische Erfahrungen schenken zu lassen (Wunibald Müller).

Diese vielschichtigen Dimensionen verdichten sich im Verliebtsein, und ich kann neben dem Genießen meiner Lebendigkeit dadurch auch lernen, was dahintersteckt an ungelebten Sehnsüchten.

Das Verliebtsein schenkt mir das Spielerische im Leben und fordert mich heraus, auf meine Projektionen zu achten. Kein Partner, keine Partnerin auf dieser Welt kann all meine Sehnsüchte stillen. Die erotische Kraft des Verliebtseins findet sich in vielen Dimensionen mit vielen Menschen, ich finde sie in der Musik, in der Schöpfung, im Staunen über die Geburt eines Kindes, im Schreiben, im Aufgehen in einem Projekt, im herzhaften Lachen, im Spielen mit der ganzen Familie und sogar im Begleiten einer Sterbenden, im Lächeln, das nach dem Tode bleibt – es sind Glücksmomente, die ich nicht festhalten kann, die mir aber in der Tiefe für immer bleiben. Darum braucht es dringend eine Versöhnung zwischen Sexualität und Spiritualität und ihren beflügelnden Erfahrungen, die

all unser Erleben von Nähe und Distanz ver-
wurzeln in den Urgrund allen Verliebtseins
und aller Beziehungen, in der Zärtlichkeit
Gottes.

Frühling erleben
mich verabschieden
von der ängstlichen Kleinlichkeit
erneut Aufbrüche wagen
miteinander an das Unmögliche glauben

Frühling erfahren
die Hoffnungsfunken nicht durch
viele Wenn und Aber
im Keim ersticken lassen
einander zur Menschlichkeit bewegen

Frühling vertiefen
mitgestalten an einer Welt
die sich von Visionen leiten lässt
miteinander die nächsten Schritte finden
die zu ökologischer Achtsamkeit bewegen

Frühling verwirklichen
der Verwandlungskraft trauen
das erotische Spiel genießen
in allen Lebensphasen
aufstehen für eine zärtlichere Gerechtigkeit

Ich wünsche dir
das Vertrauen in deine Verwandlungskraft
damit du neu aufblühen kannst
in deinen Beziehungen und deinem
    Berufsalltag

Ich wünsche dir
die Gabe der Entschiedenheit
damit du mit neuer Lebendigkeit
Erstarrtes aufweichen lassen kannst

Ich wünsche dir
die wohlwollende Aufmerksamkeit
damit du dich mit allen Sinnen freuen kannst
über die großen Wunder in der Schöpfung

Ich wünsche dir
die beharrliche Geduld
für das gemeinsame Wachsen und Reifen
im Annehmen der Verschiedenheit

Gesegnet sei dein Aufbruch
damit du Altes loslassen kannst
und zuversichtlich neue Schritte wagst

Gesegnet sei dein Suchen
damit du finden mögest
was du wirklich brauchst im Leben

Gesegnet sei dein Aufblühen
deine Knospen der Hoffnung
die sich vertrauensvoll öffnen werden

Gesegnet sei dein Engagement
Aufbruch für eine zärtliche Gerechtigkeit
die vielen Menschen Zuversicht schenkt

Gesegnet sei deine Lebenskraft
die sich in deinen Beziehungen entfaltet
auch in wohlwollender Konfliktfähigkeit

Gesegnet sei dein Dasein
im Genießen des Frühlings
es nährt dein Vertrauen ins Leben

Gesegnet sei euer Weg
Tag für Tag
im Genießen der Kraft der Liebe
im Aushalten von Verunsicherungen
im Aussprechen von Anerkennung

Gesegnet sei euer Unterwegssein
jeden Tag neu
im Staunen über das gemeinsame Wachsen
im Erneuern der Zusage einander beizustehen
im Erinnern an das Geschenk der Verwandlung

Gesegnet sei euer Zusammensein
Tag für Tag
im Stärken des Rückgrats
im Fördern der Gastfreundschaft
im solidarischen Aufstand für das Leben

Gesegnet sei euer Aufbruch
aus Strukturen des Misstrauens
aus lebensbehindernden Mustern
aus lähmender Ohnmacht
Gesegnet sei eure Liebe im Hier und Jetzt

2

Der Sommer in mir
Frucht bringen und genießen

Den Sommer begrüßen

Den Sommer begrüßen in mir
zwischen Erde und Himmel sein, ganz da
Essen und Trinken im Freien genießen
die Kraft der Gemeinschaft erfahren

Den Sommer begrüßen in mir
beim Reisen und Ausruhen
mich eingebunden wissen in die Schöpfung
was vieles leichter angehen lässt

Den Sommer feiern mit dir
die erotische Kraft der Freundschaft erleben
voll tiefer Dankbarkeit angerührt sein
von der Hoffnung stiftenden Vertrautheit

Den Sommer feiern in Gemeinschaft
die verschiedenen Bräuche und Feste
als große Chance wahrnehmen
um unerwartete Begegnungen zu fördern

Den Sommer begrüßen in mir
den Ursegen und das Bedrohliche
in der Natur wahrnehmen
das mich zu ökologischer Sorgfalt führt

Den Sommer begrüßen in mir
Eintauchen in die Elemente
die meine innere Ruhe fördern
und engagierte Gelassenheit stärken

Den Sommer begrüßen in dir
im Inneren deinen Seelendiamanten entdecken
miteinander auch Reisen nach innen wagen
die zu tolerantem Mitsein bestärken

Den Sommer meditieren als hohe Zeit
intensives Leben in Extremen erfahren
beim Ernten, Schwitzen und Sich-Zurücklehnen
leidenschaftlich lebendig bleiben

Die hohe Zeit der Früchte

In unserem Klostergarten begegnet uns im Sommer eine paradiesische Fülle von Blumen, Kräutern, Gemüse und Früchten. Eine solche Fülle lässt sich überall entdecken, wo die Grünkraft eine Chance hat, auf Feldern und Wiesen, in Parks, beim Wandern in Berg und Tal. Ich schätze voll Dankbarkeit die Früchte der Erde und setze mich ein für einen biologischen Landbau, auch wenn dadurch nicht mehr alle Früchte „klinisch rein" glänzen.

In der hohen Zeit des Sommers mit ihrer Intensität und ihrer überschwänglichen Fülle kann ich meine Dankbarkeit erneuern, und zugleich bin ich aufgerufen, ein gutes Maß zu finden. Wie schwierig und unberechenbar dies ist, zeigt mir der Garten. Wachstum und Reifen lässt sich nie in den Griff kriegen. In einem Jahr gibt es eine Bohnen-, in einem anderen eine Erdbeeren- oder eine Tomatenschwemme.

Dieser Überfluss ist wunderbar – und zugleich braucht es einen guten Umgang mit der Fülle und der Begrenztheit – oder anders ausgedrückt mit dem Erfolg und der Niederlage. Diese existenziellen Themen begleiten uns ein Leben lang, weil wir vorher nie so genau wissen, wie sich etwas entwickelt und wie es ankommt. Maßvoll leben ist eine große spirituelle Aufgabe. Es bedeutet, nicht oberflächlich zu leben oder hinter seinen Möglichkeiten zu bleiben. Es hängt entscheidend von meiner Lebenseinstellung ab, wie ich mit hohen Zeiten umgehe, mit Zeiten höchster Aktivität, mit Zeiten, in denen ich eine überwältigende Fülle und Ernte erfahre – und natürlich auch, wie ich mit Brachzeiten, mit Leere umgehe.

Dabei kann der für intensives Beschäftigtsein und Arbeiten gängige Begriff vom „Stress" mich selbst blockieren und behindern. Wenn ich im Sommer – und wann immer – intensiv arbeite, ganz in meinem Element bin und oft ins Schwitzen komme,

dann muss dies kein Stress sein. Meine Großeltern haben auf dem Bauernhof im Sommer
von früh bis spät gearbeitet, und mir wäre es
nie in den Sinn gekommen, dass sie im Stress
sind. Sie waren es auch nicht, weil sie den
Ausgleich im Winter fanden und da auch an
Wochentagen Zeit zum Spielen und zum un-
verplanten Dasein hatten. Der Schlüssel liegt
für mich in der täglichen Erinnerung, dass das
Wesentliche im Leben ein Geschenk ist. Das
gilt gerade, wenn ich viel und angestrengt
arbeite. Auch wenn ich mein Bestes gegeben
habe, so ist es immer begrenzt. Diese Einstellung hilft mir, um mich nicht im Erfolg zu
verlieren und sie stärkt mich, auch mit Rückschlägen und Scheitern umgehen zu können.
Das Wachstum im Garten und auf dem Feld,
seine Fülle und seine Überraschungen, seine
Unwägbarkeit und die Widersprüchlichkeiten,
die zu ihm gehören, kann darum zum Sinnbild inneren Wachstums werden – auch da
sind oft Früchte und Unkraut zusammen
anzutreffen.

Zeit zum Reisen

Ich reise sehr gerne und bin viele Tage im Jahr im Zug unterwegs. Dabei bin ich fasziniert von dem Gedanken, unterwegs auch daheim sein zu können. Unsere Suche nach Glück lässt uns oft aufbrechen, um neue Orte, Länder und Kulturen zu entdecken. Es liegt darin die große Chance einer stärkeren Verbundenheit mit allen Menschen, die sich im gemeinsamen Weltenhaus ausdrücken kann. Zugleich sind wir beim Reisen manchmal in Gefahr, unser Glück „außen" zu suchen, in einer besonderen Gegend, an einem bestimmten Ort – obwohl dieser Ort in uns selber liegt. Wenn wir das Glück irgendwo anders suchen, leben wir nicht mehr in der Gegenwart, wir richten unsere ganze Energie auf den Urlaub und leben im Extremfall nur noch für und auf die Ferien hin. Frustration und Ferienstress sind dadurch oft schon vorprogrammiert, und wir verbauen uns durch viel zu hohe Ansprüche und Erwartungen die notwendige Erholung.

Auch auf Reisen können wir das Vergnügen, die Leichtigkeit und zugleich die großen Lebensthemen erfahren. Es tut gut, sich dessen bewusst zu sein. Beim Reisen kann ich mich selber und die anderen von einer anderen Seite kennen lernen – und das ist nicht immer nur schön, es kann voller Konflikte sein. Da begegnen wir nämlich unserer Abenteuerlust und unserem Bedürfnis nach Sicherheit, unserer Sehnsucht nach Erholung und unserem Durst nach Neuem, unserer Hoffnung, einfach sein zu dürfen und nicht viel entscheiden zu müssen und unserer Versuchung, ja nichts zu verpassen.

Beim Reisen sich auf andere Kulturen und Bräuche einlassen, heißt Gewohntes und Vertrautes loslassen, flexibel werden, sonst gehört der Ärger zur Tagesordnung. Darum ist auch das Reisen eine eigentliche Lebensschule. Wir lernen dabei, dass das Planen und Vorbereiten wichtig ist und uns zugleich viel

Unvorhergesehenes und Ungewohntes begegnen kann.

In diesem Spannungsbereich begegnen wir uns selber. Denn wo immer wir hingehen, wir nehmen uns selber mit. Diese Selbsterkenntnis lässt die gemeinsame Reise auch zu einer inneren Reise werden. Sie beginnt beim gemeinsamen Vorbereiten und Austauschen der verschiedenen Bedürfnisse, über die wir uns klar sein sollten. In solchen vorbereitenden Gesprächen kann Wesentliches geschehen. Da wachsen und reifen Beziehungen, weil Gemeinsamkeiten in der Verschiedenheit gesucht werden und weil auch im Urlaub Nähe und Distanz gefragt sind.

Auch beim Reisen ist meine Achtsamkeit gefragt, sonst lasse ich mich durch die vielen Möglichkeiten und die große Mobilität unnötig verplanen. Dabei kommt ein zentraler Sinn des Reisens und des Urlaubs zu kurz: fortgehen können, um durch den Abstand zum Alltag die Seele zur Ruhe kommen zu lassen.

Zeit des Spiels
und der Leichtigkeit

Sommerzeit ist Spielzeit. Die langen hellen Tage mit ihren vielen Möglichkeiten, sich im Freien bewegen zu können, sind eine Einladung, eine Herausforderung zum gemeinsamen Spiel. Im Spiel schaffen wir uns neu. Es ist zweckfrei und hat dabei doch ein Ziel. Beim Spielen schaffen wir eine eigene Welt, wir erfinden unsere Welt neu und wir schöpfen durch diese Auszeit auch neue Kraft, die Welt zu verändern. Beim Spielen vergesse ich mich, ich verliere das Gefühl für die Zeit, ich bin ganz bei mir und zugleich intensiv mit anderen zusammen. In diesen Worten klingen für mich zentrale mystische Motive an – wie es mir überhaupt immer wieder darum geht, das große Wort „Mystik" hineinzuholen in all unsere Lebensvollzüge, besonders auch ins Spielen, Lachen, Bewegen. In dem wunderbaren Film „Billy Elliot" finde ich eine der schönsten Umschreibungen, was Spiel – beziehungsweise: was Mystik ist. Der kleine Billy tanzt beim Royal Ballett vor, dabei ist er wie beim Spielen ganz in seinem Element. Als ihn jedoch das Expertenteam fragt, was er dabei spüre und fühle, ist der Junge völlig verlegen. Es fehlen ihm die Worte, dann stammelt er: „Am Anfang bin ich noch steif. Dann tanze ich einfach und ich vergesse mich immer mehr und es ist, wie wenn ich verschwinden würde ... es ist, wie wenn Elektrizität oder Feuer meinen ganzen Körper durchdringt. Dann bin ich voll da und ganz weg."

Das ist Mystik: voll da sein, sich vergessen und aufgehen in einem größeren Ganzen. Ich bin überzeugt, dass wir alle solche intensiven Lebensmomente kennen. Niemand kann diese Momente festhalten. Beim Spiel können wir erleben, wie unsere Zeitdimension wie aufgehoben erscheint und wir einfach da sind und voll weg von all unseren Alltagssorgen. Das ist eine persönliche und zugleich zutiefst gemeinschaftliche Erfahrung. Unsere Seele sehnt sich nach einfachen Spielen, in denen wir uns neu begegnen können, in denen herzhaftes Lachen uns geschenkt ist – und in denen wir mit dem Lebensthema „gewinnen und verlieren" konfrontiert sind. Sogar beim Spielen sind wir Teil eines Ganzen, und bei aller Leichtigkeit kann es auf einmal sehr ernst werden! Wenn Kinder spielen, dann spielen sie „die ganze Welt", all ihre Erlebnisse, das Schöne und Lustvolle, das Traurige und Ungerechte findet im Spiel seinen Ausdruck. Dies gilt auch für uns, wenn wir beim Spielen unsere gut eingespielten Rollen und Masken ablegen und unser wahres Gesicht zeigen. Der Sommer bietet mit seinem intensiven Licht, seiner Leichtigkeit, seiner Einladung, sich im Freien zu bewegen, besonders viele Möglichkeiten dazu. Spielerische Menschen entdecken ungeahnte Spielräume in ihrem Alltag, die Kreativität und Effizienz fördern.

Die Zeit der Müdigkeit

Je mehr wir uns im Sommer, in der Ferienzeit
entspannen können, umso mehr wird sich
unser Körper und damit auch unser Geist und
unsere Seele all das holen, was sie zutiefst
brauchen und was wir zu lange verweigert
haben. Es soll uns nicht überraschen, dass wir
nach Zeiten von großer Anstrengung und von
höchster Konzentration beim Entspannen
zuerst noch müder und erschöpfter werden.
Im wohlwollenden Annehmen dieser mühsamen Wirklichkeit können wir echte Spiritualität entfalten. Denn der Weg vom Kopf zum
Herzen und sogar bis in unsere Zehenspitzen
ist Millimeterarbeit! Was wir längst schon
wissen, lässt sich nicht von einem Tag auf
den anderen verändern. Es braucht Zeiten des
Überganges, in denen wir uns gehen lassen
und uns erlauben, müde zu sein, obwohl wir
soviel geschlafen haben wie schon lange
nicht mehr. Mein Leib wird mir zum spirituel-

len Lehrmeister, wenn ich an meine Grenzen stoße und konkret erfahre, dass das Wesentliche im Leben nicht machbar ist. Wenn ich im Sommer verdorrten Pflanzen begegne, die zu wenig Wasser hatten, dann kann ich durch sie lernen, dass sie wie mein Leib viel Zeit brauchen, um sich zu regenerieren. Wenn wir bei solchen Prozessen vorschnell von Stillstand sprechen, dann bedenken wir zu wenig, dass sich bei einem so genannten Stillstand innerlich sehr viel bewegen kann. Zu einer echten Erholung braucht es geradezu den Stillstand, die Entschleunigung, die Langsamkeit.

Ich persönlich werde beim Meditieren unserer Quelle in Fontaine-André in dem Vertrauen bestärkt, dass im Stillen vieles geschieht, was ich mit meinen Augen nicht wahrnehmen kann. Im extrem heißen und trockenen Sommer 2003 habe ich die Brunnenstube, in der die Quelle eingefasst ist, oft für unsere Gäste geöffnet. Jedes Mal glaubten wir, die Quelle sei nun wirklich versiegt.

Das Fließen des spärlichen Wassers war nicht mehr sichtbar – doch es war da, verborgen.

Jedes Mal habe ich dabei an Menschen gedacht, die sich nach einem „Burn-out" oder in einer längeren Umbruchzeit sehr lange mit ihrer Müdigkeit und ihrem Erschöpftsein auseinandersetzen müssen. Wochen- und monatelang können sie und wir den Eindruck haben, dass sich nichts verändert. Sich dabei mit Wohlwollen und Geduld begegnen, ist unglaublich schwer. Darum können konkrete Bilder in der Schöpfung eine echte Lebenshilfe sein, um seiner Müdigkeit wohlwollender zu begegnen. Es gelingt, wenn ich meine Langsamkeit als Chance sehe, um all die vielen – im Stillen geschehenden – Wachstumswunder bewusster wahrzunehmen: Jene Wunder vor allem, die mir offensichtlich werden lassen, dass sich auch in „abgebrochenen" Situationen, in Unterbrechungen, im Stillstand neues Leben unaufhaltsam seinen Weg sucht. Jene Wunder, die mir zeigen, dass sich in Zeiten der Trockenheit unsere Wurzeln

noch tiefer auf die Erde einlassen, um unerwartet neue Zugänge zum Wasser des Lebens
zu entdecken.

Die Zeit der Gegensätze

Zerstörerische Fluten und sengende Hitze
können Menschen in große Not bringen:
„Jahrhundertfluten" und „Jahrhunderthitze"
konfrontieren uns mit den zerstörerischen
Seiten der Natur wie mit den Grenzen von
Planbarkeit und Machbarkeit. Auch die hefti-
gen sommerlichen Gewitter, die vielen Menschen Angst machen können und die mit Un-
berechenbarkeit und Wucht eintreffen, zeigen
uns, wie verletzlich und verwundbar wir angesichts der Gewalt der Natur und der Macht
des Kosmos sind. Spirituelle Menschen entzie-
hen sich nicht diesen Fragen nach den Gegensätzen, nach den verschiedenen Polen und
Widersprüchen im Leben, sondern sie lernen
damit umzugehen. Dabei spielt der Schutz
eine wichtige Rolle, um nicht der Angst und
der Verunsicherung ausgeliefert zu sein. Obwohl das Leben nicht in unserer Hand liegt,
weil wir immer Geschöpf sind, so gehört es zu

unserem Lebenssinn, unser Leben in die Hand zu nehmen, um uns in der Schöpfung mit ihren wunderbaren und auch unberechenbaren Seiten zurechtzufinden. Wir erfahren dabei, dass uns das Ganze übersteigt – und dass wir staunend klein sind zwischen Erde und Himmel. Eine schöpfungszentrierte Spiritualität sucht das Verbindende mit allen Elementen.

Franz von Assisi weist uns da einen eindrucksvollen Weg: Wenn er von Bruder Wind, Schwester Wasser, Mutter Erde und Bruder Sonne spricht und wenn er mit den Tieren ins Gespräch kommt, dann erfährt sein Verwurzeltsein in die Schöpfung eine tiefe Kraft. Sich so eingebunden zu wissen, bedeutet, sich zu verabschieden von den Allmachtsfantasien, dass Menschen über allen anderen Geschöpfen stünden und darum die Natur ausbeuten und die Tiere nach unserem Gutdünken behandeln könnten. Hier zeigt sich einmal mehr die politische Dimension spiritueller Fragestellungen. Es wäre ein Verrat des Glaubens an Gott, dem Schöpfer allen Lebens, wenn wir naiv meinen, er würde die vom Menschen durcheinandergebrachte Ordnung irgendwann schon richten und mit dem Zauberstab die verheerenden Konsequenzen all unserer Exzesse aufheben.

Das 21. Jahrhundert wird ein solares Jahrhundert. Daran führt kein Weg vorbei, wenn wir eine gute Zukunft wollen. Die alten Energieträger – Kohle, Erdöl, Erdgas, Atomenergie – werden knapp und damit zu teuer. Außerdem sind sie umweltschädlich, gefährlich, laut und klimazerstörend. Hingegen stehen uns Sonne, Wind, Wasser sowie Energie von Acker und Wald in beinahe unendlicher Fülle, für immer und weitgehend kostenlos zur Verfügung ... ein Großteil der ökologischen Probleme unserer Zeit sind Beschleunigungsprobleme: Wir beuten die Natur und ihre Schätze viel zu schnell aus ... Jede natürliche Entwicklung braucht ihre natürliche Zeit und ihren Rhythmus.
  Franz Alt

Spirituelle Menschen leisten Widerstand gegen die unheilvolle Beschleunigung und fördern den natürlichen Rhythmus des Ein- und Ausatmens, des Arbeitens und Faulenzens, des Säens und Erntens. So wird ein persönlicher, einfacherer Lebensstil zum politischen Engagement, in dem ich auch lerne, mit Gegensätzen umzugehen, mit Kampf und Kontemplation, mit Erfolgen und Rückschlägen, mit Konflikten und Kompromissen, mit Visionen und dem Verinnerlichen der uralten Weisheit: Der Weg zur Quelle führt gegen den Strom!

Zeit der Bewegung

„Wer schwimmt, meditiert", sagte der große Meditationslehrer Karlfried Graf Dürckheim. Diese drei Worte haben eine befreiende Wirkung auf meinen spirituellen Weg. Obwohl ich die Stille mehr denn je brauche und regelmäßig im Sitzen meditiere, war mir immer schon ganz klar, dass für mein leiblich-seelisches Gleichgewicht die Bewegung von zentraler Bedeutung ist.

Darum habe ich viele Rituale entwickelt, in denen ich in intensiver Bewegung ganz bei mir sein kann. Wenn ich einen Morgen lang in höchster Konzentration in Begleitgesprächen oder beim Schreiben dasitze, dann schreit in mir alles nach Bewegung. Darum ist es für mich eine Wohltat, im Garten zu arbeiten, Zimmer und Toiletten zu putzen, Gruppenräume einzurichten oder Böden zu reinigen. Meditation heißt sich sammeln, dazu braucht es ganz sicher immer wieder die Ruhe, das bewusste tiefe Ein- und Ausatmen. Doch ich kann mich auch sammeln, wenn ich schnell einen Berg hinaufgehe und sehr ins Schwitzen komme. Meine Grundhaltung ist dabei entscheidend. Alle sportlichen Leistungen können zur Meditation werden, wenn ich mir bewusst werde, dass sich die göttliche Kraft in mir bewegt und mich neu belebt und verbindet mit Schöpfung und Kosmos. Wenn ich beim Schwimmen eintauche in das Urelement Wasser und ich mich getragen und aufgehoben fühle, dann erahne ich jenes Einssein, wonach ich mich so sehne. Wenn ich, mühsam und befreiend zugleich, einen Berggipfel besteige, dann begegnen mir dabei so wichtige Lebensthemen wie Vorfreude, Anfangsbegeisterung, Zweifel, Müdigkeit, Staunen, Durchhalten, Neuaufbruch, Angewiesensein auf andere, Schwitzen und tiefes Atmen, das Glücksgefühl beim Ankommen und die Einsicht, dass sich auf dem Gipfel nicht leben lässt, sondern das wirkliche Leben mich zum Abstieg ruft. In dem Eingebundensein zwischen Erde und Himmel und bewegt von all den verschiedenen Gefühlen, kann ich mein Gehen als Gebet erfahren, das mich immer wieder zum Aufatmen belebt.

Wenn ich beim Radfahren auf mein Gleichgewicht achte, dann erkenne ich darin den Auftrag, all-täglich gut in meinem Lot zu sein, immer wieder Balance zu finden. Mein Keuchen beim Aufstieg und meine Lust, mich gehen lassen zu können beim Bergabfahren, werden zur Meditation, wenn ich mich mit Hildegard von Bingen erinnere, dass ich in all meinen Bewegungen die schöpferische Bewegung Gottes erahnen kann. Sie wirkt unaufhaltsam durch uns:

Und so ist der Mensch das Werk Gottes mit Leib und im Geiste. Als ein gewaltiger Künstler hat Gott Hand an dieses Werk gelegt, und Er bleibt mit ihm immerfort am Werke, da Er mit dem Menschen Seine Schöpfung zu Ende führen will.

    Hildegard von Bingen

Zeit zum Nichtstun

Hiersein ist herrlich ...
Nirgends, Geliebte, wird Welt sein, als innen.
Unser Leben geht hin mit Verwandlung ...
   Rainer Maria Rilke

Hiersein, im Augenblick leben, die Kraft der Gegenwart ein- und ausatmen, ist eine der größten Herausforderungen unseres Lebens. Eine spirituelle Vertiefung des Wachsens und Reifens führt in aller Klarheit zu einer aufmerksameren Lebensgestaltung im Hier und Jetzt. Da begegne ich in meinem Inneren der ganzen Welt, da verwandeln sich all meine Ängste und Sorgen in ein Hineinwachsen in die vertrauensvolle Gegenwart des Göttlichen in allem.

   Die Sommerzeit lädt mit ihrer Leichtigkeit und Wärme zum Ausruhen ein, zum Dasein, das in einer mystischen Lebensweise immer ein Mitsein ist. Ich kann nie für mich alleine sein, ich bin immer verwurzelt in das Atmen des heilenden Geistes, das im kraftvollen Nichtstun Raum erhält zu einer sinnstiftenden Solidarität. Im Daliegen am Meer, im Verweilen in den Bergen, im Ruhen in meinem Liegestuhl, im Getragensein vom Wasser, im Kosten all der Früchte unserer Erde erfahre ich die segnende Kraft des Sabbats.

Da ereignet sich Gott in mir. Unsere jüdischen Wurzeln lehren uns, dass ein neuer Tag am Abend beginnt, wie wir es im Schöpfungsbericht im biblischen Buche Genesis lesen können: „Und es wurde Abend und es wurde Morgen: erster Tag" (Genesis 1,5). Es ist ein Zuspruch zum Seindürfen vor allen Ansprüchen. Dies ist eine revolutionäre Botschaft, die unseren Zeitgeist grundlegend hinterfragt. Eine verwandelnde Kraft, die unsere Lebenseinstellung, unseren Alltag, unsere Arbeit in ein anderes Licht stellt. Dein Wert entspringt aus deinem Sein, deiner inneren Kraft und deiner Verletzlichkeit. Du bleibst einmalig und kostbar, wenn du dir die Kraft des Nichtstuns gönnst, wo deine Lebenskraft und deine Ohnmacht, dein Lachen und Weinen einen Ausdruck finden können, der Beziehungen stiftet. Unser Wachsen und Reifen braucht den gesunden Rhythmus des Seindürfens und Zupackens. Unsere Gesellschaft braucht Menschen, die nicht dauernd außer sich sind, sondern in sich selber den Ort der Ruhe entdecken, der zum liebenden Mitsein mit aller Kreatur ermutigt.

Zeit am Wasser

Die Sommerzeit führt uns in die Nähe des Wassers, zu Bächen und Flüssen, zu Seen und zum Meer. Das Wasser ist der Ursprung allen Lebens, auch unseres ganz persönlichen Lebens: Neun Monate schwimmen wir im Fruchtwasser der Mutter. Darum hat das Wasser eine so große Anziehungskraft in unserem Leben. Es erfrischt, beruhigt, inspiriert und reinigt.

In allen Religionen und Kulturen finden wir Rituale und Riten, die die Symbolik des Wassers aufnehmen; darin können wir unseren Lebenslauf erkennen. So feiern wir in der christlichen Taufe im Eintauchen in das Wasser, dass wir das Leben nie im Griff haben werden – es ist immer im Fluss. Solches Loslassen ist wie „ein kleiner Tod", ein Sterben, um lebendiger zu werden. Mystikerinnen und Mystiker entfalten das biblische Motiv vom Wasser des Lebens in ihrer Ermutigung, einen inneren Weg zu gehen, um aus der eigenen Quelle zu schöpfen (Bernhard von Clairvaux), um den unmittelbaren Zugang zum Göttlichen im Schweigegebet als erfrischende Quelle zu erfahren (Teresa von Ávila), um sich nicht mit einer Pfütze, mit der Oberflächlichkeit im Leben zu begnügen, sondern aus der Tiefe, dem eigenen Brunnen zu schöpfen (Angelus Silesius). Die Begegnungen am Wasser, besonders am Meer, laden uns ein zu spirituellen Erfahrungen.

Sogar fern von Gott bewahren wir in unserem Wesen und in allen unseren Bewegungen eine Erinnerung an Ihn, von dem wir ausgegangen sind. Wir sind wie diese Fische, die im Aquarium noch immer eine Erinnerung ans Meer bewahren und sich jeden Tag im gleichen Rhythmus wie Ebbe und Flut bewegen, auch wenn sie meilenweit vom Meer entfernt sind.

Ernesto Cardenal

Meine Zeit am Wasser lässt mich immer auch der Kraft der Steine begegnen. Für die spirituelle Zeitschrift „ferment" habe ich die wunderbaren Fotografien Jakob Thurs von Steinen und Wasser aus dem Verzascatal in der italienischsprechenden Schweiz meditiert (Heft 4/2003, erhältlich bei: ferment, Pallotiner-Verlag, Postfach, CH–9201 Gossau, www. ferment.ch). Zuvor bin ich selber in dieses kleine Tal im Tessin gegangen. Ich bin dort im gegenwärtigen Dialog zwischen Wasser und Steinen der Kraft der Ewigkeit begegnet. Ich sammle gerne Steine, die vom Wasser geformt sind. Durch das Wasser und die Steine kann ich lernen, was wesentlich ist im Leben: Beweglichkeit und Festigkeit. Irmtraud Tarr umschreibt es so: Steine „bleiben, was sie sind, aber sie sind niemals fertig. Der Wunsch nach Freiheit und Treue zu sich selbst sind also keine Gegensätze. Der Stein zeigt uns, was es heißt, das Eigene zu erinnern, keinen Besitz zu verwalten, kein Wissen anzuhäufen. Er ist, was er ist, deswegen kann er sich dem

Zuspruch des Wassers, den Stürmen des Lebens und der Kälte des Kosmos aussetzen. Verwundungen, Brüche und Zerstörung haben dichte und nackte Bilder in ihm hinterlassen."

Beim Verweilen und Meditieren am Wasser werde ich ruhig und innerlich beweglich zugleich. Vieles aus meinen Büchern ist am, im und auf dem Wasser inspiriert worden. Beim Verweilen an der Quelle von Fontaine-André erfahre ich, wie der Lebensfluss sich durch nichts aufhalten lässt. Und wenn ich beim Schreiben blockiert bin, so gehe ich aufs Schiff auf den Genfer See und komme dann dank der Weite und Tiefe des Wassers mit neuen Ideen nach Hause.

Dann gehört zum Wasser für mich immer auch die Begegnung mit den Muscheln. Staunend erfahre ich durch sie, wie geheimnisvoll unser Leben und jede echte Begegnung immer bleiben wird. Muscheln erzählen von unergründlichen Seelenlandschaften und ermutigen uns, immer Hörende zu bleiben. Wer eine Muschel an sein Ohr nimmt, der hört die vielfältigen Melodien des Lebens. Sie sind sehr persönlich und verbinden zugleich mit allem. Unser Ohr hat die Form einer Muschel. Spirituelle Menschen versuchen ganz Ohr zu sein, um dem authentischen Leben zu gehorchen. Von Perlen, die in Muscheln wachsen, kann ich lernen, wie Schmerz verwandelt werden kann:

Perlen sind verwandelter Schmerz. Welch ein Mysterium! Um das Sandkorn in eine Perle zu verwandeln, bedarf es vor allen Dingen der Geduld. Geduldig sein heißt nicht: alles zu dulden und Demütigung hinzunehmen. Im Vertrauen auf die geheimnisvolle Kraft der Verwandlung aber ist die Muschel stark und beharrlich. Sie lässt sich nicht leicht enttäuschen und gibt die Hoffnung niemals auf. Sie wirkt im Stillen, aber mit Entschiedenheit.
Uwe Wolff

So kann ich beim aufmerksamen Verweilen am Wasser, am Meer mit den Steinen und den Muscheln erkennen, wie mein Weg in die Tiefe mich weiter, solidarischer und toleranter werden lässt. Und auch mein Durst ist Sinnbild unseres Durstes nach Gerechtigkeit und Ewigkeit.

Sommer erleben
mich berühren lassen vom Wind
mich wärmen lassen von der Sonne
mich erfrischen lassen vom Wasser
mich erhellen lassen vom Feuer

Sommer erfahren
den Freiraum genießen und auskosten
das gemeinsame Unterwegssein
auch als Chance einer inneren Reise sehen
mir selbst und anderen neu zu begegnen

Sommer vertiefen
die Leichtigkeit des Seins feiern
aus der eigenen Quelle trinken
die neue Handlungsspielräume eröffnet
um mit allen Sinnen lebendiger zu werden

Sommer verwirklichen
Hohe Zeit des Erntens und Genießens
Hohe Zeit des zärtlichen Zusammenseins –
einfach da sein können
mit ganzer Lebenskraft und Zerbrechlichkeit

Gesegnet sei
dein Ausruhen
du bist angenommen
im einfachen Dasein

Gesegnet sei
deine Erholung
deine Müdigkeit
dein Nichtstun

Gesegnet sei
deine Bewegung
in Spiel und Sport
dein Genießen aller Sinne

Gesegnet sei
dein Verweilen
dein Hiersein
dein Umarmtwerden

Ich wünsche dir
die Berührung des Wassers
ein Eintauchen in das Meer der Hoffnung
das dich zum Teilen beglückt

Ich wünsche dir
die Berührung der Luft
ein Beflügeltsein zur Weite
das dich zur Toleranz bewegt

Ich wünsche dir
die Berührung der Erde
ein Verwurzeltsein in Beziehungen
das deine Ohnmacht verwandelt

Ich wünsche dir
die Berührung des Feuers
eine leidenschaftliche Kreativität
die mit anderen Kultur fördert

Gesegnet sei euer Reisen
eure Offenheit für neue Begegnungen
euer Entdecken fremder Kulturen
euer Beglücktsein über die Schönheit der Kunst

Gesegnet sei eure innere Reise
zu euch selber
zum gegenseitigen Anerkennen und
	Respektieren
der Lebensstärken und der Verletzlichkeit

Gesegnet sei euer Ernten
von hoffnungsvollen Früchten
die im Gestalten eurer Beziehung
wachsen und reifen durften

Gesegnet sei euer Mitwirken
an einer Kultur der Zärtlichkeit
die uns alle erinnert
dass wir mehr sind als unsere Leistung

Gesegnet sei euer Weg
Tag und Nacht

3

Der Herbst in mir

Ernten und danken

Den Herbst begrüßen

Den Herbst begrüßen in mir
voll Dankbarkeit die reiche Ernte feiern
das Wachstum liegt nie in unseren Händen
weil es geheimnisvoll und unberechenbar
    bleibt

Den Herbst begrüßen in mir
die heilsame Farbenpracht genießen
die von der Fülle des Lebens erzählt
und zugleich zur Kunst des Sterbens einlädt

Den Herbst begrüßen mit dir
aufmerksam den Blick nach innen richten
gemeinsames Wachsen und Reifen annehmen
damit auch unsere Verschiedenheit sein darf

Den Herbst feiern in Gemeinschaft
Brot und Wein als Ursymbole erkennen
die zur Gastfreundschaft bewegen
und kreative Erntedankfeste feiern

Den Herbst begrüßen in mir
spüren wie Sonne und Nebel zum Leben
   gehören
intensivstes Leben und Sterben nahe
   beieinander sind
Dankbarkeit und Wehmut einander ergänzen

Den Herbst feiern
als Zeit, in der wir unsere Endlichkeit
   annehmen
um jeden Tag noch kostbarer erleben zu können
als Geschenk und Kraft im Augen-blick

Den Herbst begrüßen in mir
voller Faszination und Widersprüchlichkeit
im dankbaren Annehmen meines inneren
   Wachstums
im Ja-Sagen zu Begrenztheit und Scheitern

Den Herbst meditieren
als staunende Zeit des Erntens
als Gelassenheit stiftende Zeit des Aufräumens
als nährende Zeit des Loslassens

Die Zeit des Erntedankes

Erntedankfeste werden in vielen Kulturen und Religionen gefeiert. Dankbarkeit ist ein großer spiritueller Wert, mit dem wir wahrnehmen, dass alles Ernten wesentlich ein Geschenk ist. Es ist die Frucht unserer Arbeit und Kreativität, die im Herbst voller Lebensfreude gefeiert wird. Wenn Jung und Alt Obst und Gemüse und ihre ganz eigenen Früchte des Jahres in großer Fülle in die Kirchen tragen, dann verdichtet sich in dieser Symbolik das große dankbare Staunen über die unendliche Großzügigkeit, die wir Jahr für Jahr in der Schöpfung erleben. Glücklich wird, wer immer wieder dieses einfache Wort *„danke"* in einer fantasievollen Vielfalt ausdrücken kann. Die Einmaligkeit eines jeden Tages wird durch die Dankbarkeit gefeiert. Wir verdanken unser Leben all den Beziehungen, all den Menschen, die an unser Wachstum und Reifen glauben. Wir verdanken jede Sekunde unserer Existenz dem Urgrund allen Lebens, Gott selber. Diese tiefe Dankbarkeit konkretisiert sich für mich, wenn ich mir ab und zu bewusst werde, wie viel ich all den Menschen verdanke, die im Hintergrund ihre Arbeit tun, damit ich gut leben kann. Ich habe das Glück, dass ich für mein Schreiben viel Anerkennung und viele Dankesbriefe erhalte. Dieser Dank gehört nie mir allein, und mein Glück verstärkt sich, wenn ich durch eine einfache Postkarte mit wenigen Worten diesen Dank weitergebe an alle, die zum Gelingen beigetragen haben.

Im Herbst genieße ich es, an Weinfesten teilzunehmen, um auch meine Lebensfreude mit anderen zu teilen. Wenn ich anderen mit einem Glas Wein zusprechen kann, dass ich ihnen Wohlergehen und Gesundheit wünsche, lächle ich dem Leben zu. Das hebräische Wort *schalom* umfasst diese tiefe Zusage wie Gesundheit, Friede, Wohlergehen, Heilsein, Zufriedenheit. Unsere Gesundheit ist nämlich ein kostbares Gut, das wir manchmal viel zu wenig schätzen, weil es uns selbstverständlich erscheint. Unsere Zufriedenheit kann wachsen, wenn wir nicht nur im Herbst, sondern Tag für Tag danken für das Geschenk des Lebens. So wächst eine tiefe innere Kraft, die uns auch in Zeiten der Gebrechlichkeit und Krankheit nicht genommen werden kann.

Erntedank- und Weinfeste wollen unser Herz erfreuen. Das Genießen der Früchte der Erde soll uns stärken für dunklere und kältere Tage. So wie in der Kindergeschichte die Maus Frederick im Sommer Sonnenstrahlen für den Winter sammelt, so brauchen wir diese Feste der Begegnung, damit durch das gemeinsame Lachen, Singen, Austauschen und Tanzen unsere Lebenskraft wachsen kann, um sich mit mehr Rückgrat den lebensbedrohlichen Situationen zu stellen.

Die Kraft des Erntedankes erneuert sich, wenn wir das Gemüse und das Obst wirklich anschauen. Wir entdecken dann wohltuende Urbilder: ein Mandala in der Gurkenscheibe zum Beispiel, das aufzeigt, wie wichtig der Weg zur eigenen Mitte ist. Die Kürbisernte

wird zur Meditation: wie viel verschiedenen
Farben und Formen begegne ich da! Von gelb-
orange und rund bis grüngestreift und läng-
lich oder sogar flaschenförmig. Auch im
Innern von Früchten und Gemüse entdecke
ich wunderbare Kunstwerke und eine kraftvolle Symbolik, die mich staunen lassen, wenn
ich eine Birne oder Zucchini aufschneide. Das
Betrachten dieser Gemüsestücke, dieser
gewachsenen Kunstwerke hat mich zu
folgenden Meditationen inspiriert: (Die
Früchte-Meditationen sind zuerst erschienen
im ferment-Bildband „einfach leben"
2001/2002 – www.ferment.ch)

Zucchini
Betrachte deinen Weg nach innen
als Gang durch verschiedene Kernräume
Beharrliche Geduld
brauchst du
um die vielfältigen Seiten
in dir zu integrieren
Auf deiner längsten Reise

deinem Weg in die Mitte
begegnest du auch viel Unausgewogenem
das zu dir gehören darf
Wage dich trotzdem
immer wieder hinein
in deinen inneren Grund des Lebens
der weitet und erfüllt
Einfach sein dürfen
verbunden in der Vielfalt

Lauch
Kreise ziehen
aus dem inneren Licht leben
mich entfalten
im Eingebundensein
in den großen Lebenskreis
Das göttliche Licht
in jedem Menschen entdecken
als Widerstandskraft
die zur konfliktfähigen Versöhnung bewegt
Immer tiefer
in diese Wirklichkeit hineinwachsen

nicht Einzelne/r sein
sondern Teil eines Ganzen
alles und nichts
Leere und Erfülltsein

Zitrone
Lebenssäfte sammeln
Sorge tragen für sie
sich schützen
um innerlich transparent zu bleiben
durchlässig für die göttliche Kraft
die mich belebt und erneuert
Kreise ziehen
das Rad als Symbol der Mitte
das verschiedene Speichen zusammenhält
ohne die Verschiedenheit aufzuheben
Begegnung braucht es
um Identität zu fördern
nicht Ausgrenzung
Identität wächst in Beziehung

Birne

Beckenraum und Kreuzbein

als tragende Elemente wahrnehmen

leer werden

Schale sein

Stil haben

sich ausrichten

eine klare innere Linie

entfalten lassen

die über mich hinausweist

nicht um Sturheit und Überheblichkeit zu
    fördern

sondern Klarheit und Entschiedenheit

die einen toleranten Dialog ermöglichen

Weite zulassen

mich auf das Ganze des Lebens einlassen

nicht leistungsorientiert leben

sondern fruchtbringend

Wachstum geschehen lassen

an mir und andern

Zeit zum Wandern

Ich wandere das ganze Jahr sehr gerne, am liebsten aber im Herbst. Beim Wandern werde ich leicht, weil ich mit der Zeit immer weniger denke, sondern nur noch gehe, das Wandern durch Wiesen und Wälder ist im Herbst mit seiner Farbenpracht eine Wohltat für mein ganzes Selbst – Leib-Geist-Seele. Beim Wandern fühle ich mich freier und kann auf einmal singen – oder es entstehen spontane Gebärden, indem ich meine Arme himmelwärts hebe und einfach nur staune und danke.

Wenn schwerwiegende Fragen mich bedrücken, dann gehe ich sie an im Wandern. Denn durch das Gehen bleibe ich nicht fixiert oder gefangen in mir selber – ich erhalte eine größere Weite, die nichts verharmlost, jedoch in einem gute Sinne relativiert. Viele Menschen können sich im vertraulichen Gespräch zu zweit beim Wandern viel besser ausdrücken, weil das immer wieder auch eintretende

Schweigen nicht so bedrohlich empfunden wird wie in einem Raum und weil uns durch das Gehen neue Worte unerwartet entgegenkommen. Solche zutiefst spirituellen Erfahrungen der Weggefährtenschaft finden sich schon in vielen biblischen Weggeschichten, genauso wie in vielen anderen Religionen.

Das wandernde Gottesvolk, die Weggemeinschaft von Rut und Noëmi, die Wanderungen Jesu mit seinen Jüngerinnen und Jüngern, die heilende Erfahrung des Unterwegsseins nach Emmaus sind für mich keine Geschichten der Vergangenheit. Sie ereignen sich in all den Menschen, die den Weg als Ziel erkennen. Am meisten berührt mich die Weg- und Aufbruchserfahrung von Sara und Abraham aus dem Ersten Testament der Bibel. Sie machen sich auf den Weg in eine ungewisse Zukunft und trauen dem Wegweiser Gottes in sich, der Verheißung, den Weg zu finden, der sich ihnen immer zeigen wird (Genesis 12). In diesem uralten Text entdecke ich schon ein dynamisches Gottesbild. In solchen Geschichten sehe ich auch: Der Mensch wird nicht am Gängelband gehalten, es wird ihm vielmehr zugemutet, seinen ureigenen Weg in Gemeinschaft zu gehen; und es ist dieses Unterwegssein mit all seinen Höhen und Tiefen, in dem sich das Göttliche ereignet. Diese religiöse Dimension entdecken heute wieder viele Menschen zum Beispiel im Begehen des uralten Jakobusweges nach Santiago de Compostela.

Auf diesem Pilgerweg, auf dem schon Tausende von Menschen mit ihrer Sehnsucht, ihren Ängsten und Sorgen, ihrer Hoffnung unterwegs waren, lässt sich eine tiefe Verwurzelung erfahren: weder der Erste noch der Letzte zu sein. Zugleich ist es für jeden und jede ein höchstpersönlicher Weg mit Sonne und Regen, Wärme und Kälte, Aufbruchstimmung und Müdigkeit. Auch beim Wandern in den Bergen und beim Bergsteigen eröffnen sich uns tiefe Lebensweisheiten, in denen wir mühsame und begeisterte Aufstiege, beschwingte und von Anstrengung geprägte

Abstiege auch in unserem Leben mit seinem Auf und Ab besser verstehen können. Gipfelerlebnisse sollen nicht fehlen, genauso wenig wie Momente des Beflügeltseins. Doch auf dem Gipfel lässt sich nicht leben!

Ich wandere so leidenschaftlich gerne, weil ich im Gehen zur Ruhe komme. Da höre ich die Stille und schöpfe neue sinnstiftende Kraft. Im Gehen, Schweigen und Staunen werde ich von ihnen geführt zu mir selber, zur tieferen Verbundenheit mit allem.

Berge sind stille Meister und machen schweigsame Schüler.
  Johann Wolfgang Goethe.

Die Zeit der Farbenpracht

Beim Wandern in Südtirol wird für mich jeder
Schritt, jeder Atemzug, jeder Blick zum Gebet.
Die wie von einem genialen Künstler gemalte
herbstliche Farbenpracht schenkt mir jeden
Herbst viele Stunden des tiefen Glücks. Die
Bäume und Sträucher mit ihren grünen, gold-
gelben, weinroten Farben in allen Schattie-
rungen und Variationen, in ihrer Wechselhaf-
tigkeit und Leuchtkraft verstärken in mir die
Vision einer Welt, in der eine Vielfalt von
Lebens- und Liebesmelodien ihren Platz hat.
Die herbstliche Farbenvielfalt macht mir Lust
auf das Zusammensein von Menschen, die die
Welt nicht schwarz-weiß, sondern in ihrer
Buntheit sehen. Der Herbst ist meine Lieb-
lingsjahreszeit, nicht nur weil ich im Herbst
geboren bin, sondern weil ich mich für eine
tolerante und zärtliche Welt starkmache.
Dazu gehört für mich die Verabschiedung
einer Weltanschauung, in der eine Konfession,

eine Religion oder ein Staat für sich allein beansprucht, die Wahrheit zu haben. Die Herbstfarben sind für mich nicht nur die Einladung zu einer sinnlichen Lebensfreude, sondern zugleich auch die Verpflichtung, in Toleranz, Achtsamkeit und Mitgefühl mit den vielen Kulturen und Religionen umzugehen. Meine Eltern haben mich gelehrt, dass das Ethos einer Gemeinschaft sich dadurch auszeichnet, wie sie mit den Schwächsten umgeht. Darum brauchen wir ein Weltethos, wie es Hans Küng so beharrlich einfordert, das sich auf jene Goldene Regel der Menschlichkeit beruft, die man in allen großen religiösen und ethischen Traditionen antrifft.

Konfuzius (ca. 551–489 v. Chr.): „Was du selbst nicht wünschst, das tue auch nicht anderen Menschen an" (Gespräche 15, 23).
Rabbi Hillel (60 v. Chr.–10 n. Chr.): „Tue nicht anderen, was du nicht willst, dass sie dir tun" (Sabbat 31a).

Jesus von Nazaret: „Alles, was ihr wollt, dass euch die Menschen tun, das tut auch ihr ihnen ebenso" (Matthäus 7,12)

Islam: „Keiner von euch ist ein Gläubiger, solange er nicht seinem Bruder wünscht, was er sich selber wünscht" (40 Hadithe von an-Nawawi 13).

Buddhismus: „Ein Zustand, der nicht angenehm oder erfreulich für mich ist, soll es auch nicht für ihn sein; und ein Zustand, der nicht angenehm oder erfreulich ist, wie kann ich ihn einem anderen zumuten?" (Samyutta Nikaya V, 353.35–354.2).

Hinduismus: „Man sollte sich gegenüber anderen nicht in einer Weise benehmen, die für einen selbst unangenehm ist; das ist das Wesen der Moral" (Mahâbhârata XIII. 114.8).

Die herbstlichen Farben rufen uns alle zur weltweiten Versöhnung auf. Es ist dies eine Versöhnung, die in uns selber beginnt, im Integrieren der vielen hellen und dunklen Seiten. Eine Versöhnung, die sich weltweit noch mehr ereignen muss. Sie ist schon da in den vielen Regenbogen-Fahnen mit den Worten „Friede-Paix-Pace-Peace-Mir-Shalom", die Menschen während des schrecklichen Irakkrieges an ihre Häuser hängten und die viele Schülerinnen und Schüler in ihren spontanen Friedensdemonstrationen mit sich getragen haben. Menschen mit Rückgrat sind auf die Straßen gegangen, um Farbe zu bekennen. Die Friedensbewegung wächst trotz aller Ungerechtigkeiten, damit Minderheiten nicht mehr länger diskriminiert werden. Die Regenbogenfahne ist seit den siebziger Jahren auch für lesbische und schwule Menschen zum internationalen Solidaritätssymbol geworden. Sie ist ein hoffnungsvoller Ausdruck, dass immer mehr Menschen toleranter werden. Es braucht diese Solidarität, denn in mehr als 80

Staaten wird Homosexualität strafrechtlich verfolgt und verschiedene Religionsvertreter veröffentlichen immer noch empörende Dokumente.

Die wunderbare Vielfalt der herbstlichen Farben spricht eine ganz andere Sprache: eine Sprache der Toleranz und des gegenseitigen Respekts.

Zeit der Melancholie

Die Novembertage mit ihrem Nebel, ihrem Regen, ihrem Grau-in-Grau sind für viele Menschen sehr unangenehm. Melancholie, Traurigkeit und depressive Stimmungen dringen mit ihnen ein in unser Leben und nehmen sich Raum. Je mehr unsere Gesellschaft diese verletzlichen Seiten unseres Lebens verdrängt oder bekämpft, um so mehr nimmt die Depression zu. Der Psychologe Carl Gustav Jung soll die Depression mit einer „Dame in Schwarz" verglichen haben. Wenn sie in unserem Leben auftaucht, sollen wir sie zu Tisch einladen und aufmerksam hören, was sie uns zu sagen hat. Die dunklen Stunden gehören zu unserem Leben. Sie lassen uns sensibler, menschlicher und auch spiritueller werden. Ich kenne keine Biografie eines mystischen Menschen, die nicht von schweren Krisen, Verunsicherungen und auch Depressionen erzählt. Auch viele künstlerische Menschen wissen um diese Wirklichkeit. Darum sind die Novembertage – denen wir auch mitten im Sommer begegnen können – nicht eine peinliche Panne, sondern ein Ausdruck unserer Verwundbarkeit, die ein Leben lang zu uns gehören wird, wenn wir menschlich bleiben wollen.

Im ersten Jahrtausend vor Christus wurde in der Körpersäftelehre von der Melancholie als „Schwarzgalligkeit" gesprochen (*melan*, griechisch für schwarz, *cholos* Galle). Der Psychiater Daniel Hell schreibt dazu: „Die bildliche Vorstellung einer Schwarzgalligkeit gibt das Leiden treffend wieder. In diesem Zustand ist alles dunkel, ‚schwarz'. Die Zeit ist wie angehalten, ‚zähflüssig wie Galle'. Es ist einem Menschen in diesem dunklen, zähflüssigen Zustand nicht möglich, unbeschwert voranzuschreiten. Der zur Verfügung stehende Lebensraum ist eingeengt, ‚krustig wie eingetrocknete Galle'".

Die herbstlichen Tage, die unsere Sicht vernebeln, lassen uns einen mitfühlenden Umgang mit der Dunkelheit, der Verletzlichkeit, den Behinderungen und Krankheiten in unseren Beziehungen entwickeln. In den eigenen depressiven Verstimmungen wie auch in der Begegnung mit Menschen, die ein Leben lang mit ihren Depressionen leben müssen, sind wir nah an den Grenzerfahrungen unseres Lebens. Wenn wir sie nicht fliehen, sondern achtsam begehen, dann wird sich uns eine neue, feinfühligere Lebensansicht eröffnen. Intensivstes Leben in Fülle erwartet uns nur, wenn wir uns verabschieden von der Vorstellung, sofort eine Lösung anbieten zu müssen.

„Ich kann nicht wollen" ist für mich die eindrücklichste Umschreibung von Depression. Da prallen unsere gut gemeinten Appelle und Ratschläge ab. Da zählt „nur" das gemeinsame Wandern durch den Nebel, das einfühlsame Aushalten der Ohnmacht und die wunderbare Erfahrung, wie gerade dadurch unsere Lebensqualität wächst und wie unsere Beziehungen durch das aufmerksame Gehen dieser Gratwanderung uns in der Tiefe verbinden. Im Annehmen – nicht im Bekämpfen – der depressiven Gefühle werden wir menschlicher. Der bekannte Schweizer Radiomoderator Ruedi Josuran erzählt davon: „Die wahrscheinlich wichtigste und befreiendste Erkenntnis und der erste Schritt zur Heilung war das Einsehen und Anerkennen, es ist ein Teil von mir, ein Teil, der vermutlich immer wieder kommen wird, und ich brauche Hilfe."

Auch die Verinnerlichung des Rhythmus der Jahreszeiten ist eine der vielen Hilfen.

Die Zeit der Bäume

Es war das jahrelange Meditieren der Bäume in den verschiedenen Jahreszeiten, das mir den Grundimpuls für dieses Buch gegeben hat. Bäume sind meine Gesprächspartner und meine spirituellen Lehrmeister geworden. Dieses „Leben in wachsenden Ringen", wie es der Dichter Rainer Maria Rilke nennt, hat mir einen befreienden Zugang zum zyklischen Reifen eröffnet. Wenn ich ganz unerwartet an alten Verwundungen leide und wenn meine zentralen Lebensfragen sich in immer neuen Varianten wieder melden, dann kann ich mir im ersten Moment mit einer unglaublichen Härte und Strenge begegnen. Destruktive Stimmen in mir melden sich schlagartig zu Wort. Sie erschlagen mich mit Sätzen wie „Nicht schon wieder, was soll dieses Theater?!" oder „Wann fällt bei dir endlich der Groschen – du kannst doch nicht so doof sein!"

Nie würde ich einem Baum mit solch lebensverachtenden Fragen begegnen. Nie würde ich den Bäumen im Herbst sagen, sie sollen in diesem Jahr „das letztjährige Theater des Blätterverlierens" bitte nicht schon wieder aufführen. Denn dieser jährliche Prozess lässt die Bäume immer tiefere Wurzeln finden, die dank der Kraft der Wiederholung Tiefgang ermöglichen, um in den Stürmen des Lebens bestehen zu können.

Im Gespräch mit den Bäumen kann ich wesentliche Lebensgrundwerte entdecken wie die Verwurzelung, den Umgang mit „Verknorztem", das Loslassen und die Ausrichtung zum Licht. Im Dialog mit den Bäumen zeigt sich, wie sehr wir Menschen auf sie angewiesen sind. Die Bäume lehren uns einen einfachen Lebensstil, in dem Selbstentfaltung und Solidarität keine Gegensätze sind. Bäume stehen fest zu ihrer Einmaligkeit. Diese Kraft lässt viele Menschen in ihrem Schatten ausruhen. Auch für Hermann Hesse sind Bäume „Heiligtümer". Wer mit ihnen zu sprechen, wer ihnen zuzuhören weiß, der erfährt die Wahrheit ... Darum sind auch die Bäume mein Gebet.

Ein Baum spricht: Mein Amt ist es, im ausgeprägten Einmaligen das Ewige zu gestalten und zu zeigen ... Jeder Baum streckt sich nach Licht aus. Es reicht, das zu wissen, um mich an Grundlegendes zu erinnern. Ich strecke mich nach vielem aus, was nicht nötig ist. Manches davon verbaut mir das Leben. Es ist Ballast, auch wenn es sich gut anfühlt, schön aussieht oder wertvoll klingt. Es ist Gewicht, unter dem ich manchmal sogar krumm gehe und es nicht merke. Licht dagegen ist für den Baum nötig. Er braucht es für die Fotosynthese, in der er das Wunder der Verwandlung vollbringt. Mit Hilfe des Lichts wird aus Kohlendioxyd Sauerstoff, und für den Baum bleibt Zucker übrig. Auch ich kann nur mit Licht verwandeln, mich selbst und die Umstände meines Lebens.
    Ulrich Schaffer

Die Zeit des Loslassens

Alle spirituellen Wege lehren uns die Kunst des Loslassens.

Das Abschiednehmen und Loslassen, das Einüben des Sterbens begleitet uns alle Tage unseres Lebens. Wir klammern uns an das Leben und suchen Halt, Sicherheit und Geborgenheit. Diese wichtigen und nötigen Grundwerte werden wir aber nie endgültig haben können. Paradoxerweise erfahren wir sie erst wirklich, wenn wir uns immer wieder lösen können. Kinder werden nur sie selber, wenn sie sich von ihren Eltern lösen können. Partnerschaft gelingt, wenn ein Freiraum zur Selbstentfaltung bleibt. Menschenrechte verwirklichen sich nur in freien, demokratischen Prozessen. Die Haben-Mentalität gehört zu unserer menschlichen Existenz, doch in uns lebt auch unwiderruflich die große Sehnsucht nach dem Sein. Das Bedürfnis, einfach sein zu dürfen, nimmt gerade in unserem materiellen

Überfluss zu. Durch die Industrialisierung ist uns das natürliche Eingebundensein in die Schöpfung mit ihrem Rhythmus des Werdens und Sterbens zunehmend abhanden gekommen. Dies führt zu einer grenzenlosen Maßlosigkeit, die immer mehr Menschen krank werden lässt und zu gefährlichen Grenzüberschreitungen führt. Wir brauchen eine neue Kultur des Loslassens ohne leibfeindliche Züge. Wer loslässt, dem eröffnet sich ein neuer Freiraum. Intensives Angerührtsein, Kreativität und neue ganzheitliche Lernprozesse sind ohne die Gabe des Lassens nicht möglich. Meine Beziehung zu mir selber, zu den anderen, zur Mitwelt und auch zu Gott kann nur lebendig bleiben und sich erneuern, wenn ich nicht festhalte an gemachten Erfahrungen, sondern offen bleibe für die Überraschungen des Lebens. Die Natur lehrt uns, dass durch das Loslassen neue Kräfte freigesetzt werden. Wirklich loslassen kann ich nur, wenn ich mich zuerst einlasse auf das Leben mit seinem Lachen und Weinen, seinen Sorgen und seiner Lust, seiner Schönheit und Zerbrechlichkeit. Freude und Trauer: Beides bewohnt uns, solange wir lebendig bleiben und wachsen und reifen.

Manche von euch sagen: ,Freude ist größer als Trauer', und andere sagen: ,Nein, Trauer ist größer als Freude.' Aber ich sage euch, dass beide nicht zu trennen sind. Sie treten zusammen auf, und wenn eine an eurem Tisch sitzt, so liegt die andere schlafend in eurem Bett.
  Khalil Gibran

Freude und Trauer begegnen uns vielfältig. Jeden Abend versuche ich, beides loszulassen, das Schöne und Lustvolle und das Mühsame und Belastende. Im Abschiednehmen können wir konkret das Loslassen einüben. Wir sind traurig und erahnen manchmal, welche Wachstumschancen sich durch einen Abschied auftun. Dann sprechen wir von einem lachenden und weinenden Auge. Unsere Seele braucht Abschiedsrituale, in denen in aller Ehrlichkeit das Kraftvolle und Verletzende nochmals hervorgeholt werden kann, damit es dann gelassen wird. Abschiednehmen heißt sterben lernen und neues Leben erahnen. Die Psychotherapeutin Elisabeth Lukas sieht im Abschied und der notwendigen Trauer die Kraft, in die nächste Phase des Lebens hineinzugehen und offen zu werden für die noch unbekannten Werte, die sie mit sich bringt. Der Herbst bestärkt uns in diesem Urvertrauen.

Die Zeit des Sterbens

Die stürmischen Herbstwinde zeigen mir, wie zerbrechlich und verletzlich unser Leben ist. Lebensstürme bleiben uns nicht erspart, in denen wir verunsichert werden und unsere Lebenskonzepte, unsere Pläne und Vorstellungen und Perspektiven wie durch ein Erdbeben erschüttert werden können. Ich sehe darin die Konfrontation mit unserer Endlichkeit, unserem Sterben und unserem eigenen Tod. Die Novemberzeit ermöglicht uns mit ihren vielfältigen Bräuchen auf den Friedhöfen ein Anfreunden mit unserem Sterben.

Spirituelle Menschen lernen immer mehr, ja zu sagen zu ihrer Endlichkeit, damit sie in einer größeren inneren Freiheit voller Visionen sich für eine menschlichere Welt einsetzen können. Je mehr der Tod in unserem Zusammensein tabuisiert wird, umso mehr verkümmern wir. Angesichts des Todes ereignet sich intensivstes Leben. Wir können einander helfen, menschenwürdig zu sterben. Ich habe keine Angst vor dem Tod, obwohl ich mehr denn je leidenschaftlich gerne lebe. Ich habe vielmehr Angst davor, dass mich Apparate nicht sterben lassen. Darum versuche ich Tag für Tag, in die Hoffnung hineinzuwachsen, im Sterben in Gott hineingeboren zu werden.

Ein Geburtsprozess vollzieht sich nicht ohne Schmerzen – zugleich eröffnet er ungeahntes neues Leben. So lerne ich all-täglich, das Sterben in meinen kleinen Enttäuschungen und durch-kreuzten Hoffnungen anzunehmen, damit dadurch in mir jene Vertrauenskraft wächst, die ja sagen kann zum Sterben. Der regelmäßige Gang über einen Friedhof konfrontiert mich mit meinem eigenen Sterben. Ich stelle mir dann ganz konkret vor, dass ich irgendwann begraben werde. Manchmal breitet sich bei diesem Gedanken ein Gefühl des Aufgehobenseins, des Ankommens aus, und manchmal sträubt sich in mir alles, weil ich ja noch so viel erleben möchte.

Wie immer all diese auch widersprüchlichen Gefühle sein können, ich erlebe in der Auseinandersetzung mit dem Sterben, dem Tod und dem Trauern eine große Lebensintensität. Darum sind Klagen und Trauern für mich entscheidende Themen auf einem spirituellen Weg. Ich habe in meinem Buch „Engel des Trostes wünsche ich Dir" fünfzehn Briefe an Trauernde veröffentlicht, in denen ich ermutige, einander im Trauern, Klagen und Sterben zu unterstützen. Denn an der Schwelle zwischen Leben und Tod können wir erfahren, dass es in vielen Situationen des Lebens keine Patentrezepte gibt. Weil für viele Menschen dieses scheinbare Nichts-tun-Können unerträglich ist, tun sie leider nicht einmal das, was so heilsam wäre, nämlich ohne Worte einfach mitfühlend da zu sein. Die herbstlichen Tage bieten sich uns an, um dieses Geheimnis des Lebens, Werdens und Sterbens verinnerlichen zu können. In dieser Jahreszeit stirbt vieles ab; und es zeigt sich darin schon das neue Leben.

Die Zeit der inneren Ernte

„Der Herbst ist ein zweiter Frühling, wo jedes Blatt zur Blüte wird", schreibt der französische Schriftsteller Albert Camus. Diese Worte sind für mich eine Bestärkung, im Herbst nach innen zu schauen, um Blatt für Blatt, Seite um Seite meines inneren Wachstums zu sehen. Ich meine damit, dass ich Anerkennung nicht nur von den anderen erwarte, sondern mir selber zusprechen kann, dass ich wahrnehme und mich freuen kann an dem, was reifen konnte, was aufblühen konnte, was sich in mir entfalten konnte. Ein herbstliches Blatt mit all seinen Farben kann mir helfen, meine Zufriedenheit mit mir selber zu vertiefen:

Eine Zufriedenheit, die dankbar all das Fruchtbringende sieht und genießt.

Eine Zufriedenheit, die bleibt angesichts der faulen Früchte auf dem Kompost: Die Natur ist überschwänglich, manche Frucht bleibt unbeachtet.

Eine Zufriedenheit, die die innere Kräfteschulung fördert und nicht auf die Mängel fixiert bleibt.

Eine Zufriedenheit, die wächst im Annehmen der vielfältigen Farben und im Annehmen der Vergänglichkeit.

Eine Zufriedenheit, die Kreise zieht im Mitteilen dieser inneren Ernte. Sie befreit auch andere, ihre Stärken und Gaben nicht länger zu verstecken.

Wer diese innere Ernte regelmäßig wahrnimmt und fördert, der begibt sich auf einen lebensbejahenden Weg, auf dem Kraut und Unkraut sein dürfen. Beim Ernten begegne ich dem, was sich entfalten konnte und dem, was behindert blieb in seinem Wachstum. Inneres Ernten bewegt sich in dieser Polarität, damit ich gut mit mir selber umgehe und mich nicht zu sehr von anderen beeindrucken und beschneiden lasse. Der Begründer der Logotherapie, der Psychologe Viktor Frankl, hatte die Gabe, in kurzen Sätzen tiefe Lebensgrundhaltungen zu verdichten. Zwei seiner

Sätze (deren Quelle mir unbekannt ist) begleiten mich seit vielen Jahren, besonders auf meinem Weg der inneren Ernte:

„Ich muss mir ja von mir selbst nicht alles gefallen lassen", und:

„Wer mich ärgert, das entscheide immer noch ich".

Beim dankbaren Ernten setze ich liebevoll-bestimmt meinen destruktiven Seiten eine Grenze, damit ich mir selber all das Gelungene nicht zerstören lasse.

Beim dankbaren Ernten finde ich mich zurecht in meinem eigenen Haus und ich lasse mich nicht beirren von den vielfältigen Kommentaren der anderen, in denen auch Neid sein kann.

Herbst erleben
im alltäglichen Aussprechen von Dank
für all die wohltuenden Dienstleistungen
mitgestalten an einer farbigeren Welt

Herbst erfahren
die Intensität des Lebens angesichts des
    Sterbens
die zur Wertschätzung des Lebens führt
und zum Genießen des Augenblicks

Herbst vertiefen
in vielfältigen Lebensfarben
hineinwachsen in das Urvertrauen
das ein Ja zur Endlichkeit reifen lässt

Herbst verwirklichen
Brot und Wein in die Mitte stellen
zusammen mit vielen anderen Früchten
die erzählen vom göttlichen Segen für alle

Ich wünsche dir
einen wohlwollenden Umgang
mit dir selber in deinem Berufsalltag
ein regelmäßiges Innehalten
ein wohltuendes Aufatmen

Ich wünsche dir
die Gabe der Dankbarkeit
in dem du dein Augenmerk
auf all das richtest
was dir gelungen ist

Ich wünsche dir
das Genießen der vielen Herbstfarben
die dein Vertrauen stärken
im Eingebundensein in Schöpfung und Kosmos
das zum dankbaren Staunen einlädt

Ich wünsche dir
die Kunst des Loslassens
die deine Hände befreit von vielem
damit deine Beziehungen erneuert werden
zur Stärkung der Solidarität auf unserer Welt

Gesegnet sei
dein Genießen der Fülle des Lebens
damit du immer mehr Ja sagen kannst
zu deinen Grenzen und deiner Endlichkeit

Gesegnet sei
deine Verletzlichkeit und deine Zerbrechlichkeit
damit du ein einfühlsamer Mensch bleibst
der auch in dunklen Stunden Hoffnungs-
    funken erahnt

Gesegnet sei
deine Annahme von Gegensätzen in dir
damit du toleranter wirst
und die Angst vor dem Fremden verlierst

Gesegnet sei
dein Klagen und Weinen
damit dein Mitgefühl Kreise ziehen kann
und echten Trost spendet

Gesegnet sei
euer Wandern
durch Täler und Höhen
durch Wiesen und Wälder
durch Schluchten und Irrwege

Gesegnet sei
euer Ringen nach Sinn
im Aushalten von dunklen Stunden
der Verzweiflung und der Empörung

Gesegnet sei
euer dankbares Ernten
von Früchten der Achtsamkeit
die zu einer bewussteren Lebensgestaltung
    bewegen

Gesegnet sei
euer Gestalten von Zwischen-Räumen
damit echte Begegnungen gefördert werden
die zur Tiefe des Lebens führen

4

Der Winter in mir
Warten und träumen

Den Winter begrüßen in mir

Den Winter begrüßen in mir
mir endlich Brachzeit zugestehen
in der äußerlich alles still steht
und innerlich soviel wachsen und reifen kann

Den Winter begrüßen in mir
die mit Schnee bedeckte Landschaft
als Ermutigung zur Langsamkeit sehen
in die Ruhe und Schweigen eintreten kann

Den Winter feiern mit dir
in Zeiten der Kälte und der Dunkelheit
einander Wärme und Geborgenheit schenken
in zärtlicher Zuwendung und wohltuendem
    Austausch

Den Winter feiern in Gemeinschaft
Kerzen und Friedensfackeln entzünden
kraftvolle Räume schaffen
für unsere Sehnsucht nach Solidarität

Den Winter feiern mit Leib und Seele
Erstarrtes in mir wahrnehmen
erkaltete Beziehungen behutsam auftauen
　　lassen
eine Konfliktkultur gestalten

Den Winter begrüßen mit dir
den Schnee genießen
der Dunkelheit mehr trauen
die Wärme des Feuers erfahren

Den Winter begrüßen in mir
als schweigenden Seelengrund
in dem das Göttliche sich gebiert
in meinem Selbstwerdungsprozess

Den Winter meditieren
aktives Warten kultivieren
bei mir selber zu Hause sein
um suchenden Menschen Beheimatung zu
　　schenken

Die Zeit der Langsamkeit

Wenn in der Nacht der erste Schnee fällt und ich ihn am Morgen beim Erwachen entdecke, dann werde ich sofort hineingenommen in diese große Ruhe, die die Schneedecke ausstrahlt. Alles wird mit einem weißen Tuch zugedeckt, wie bei einem Festessen! Die sanfte, freundliche Ruhe der Schneedecke weckt in uns Menschen unser Bedürfnis danach, einfach sein zu dürfen, nach Langsamkeit, nach dem Feiern des Lebens.

Eine geheimnisvolle Stimmung breitet sich aus, die uns daran erinnert, dass wir viel mehr sind als unsere Leistung und all unser Arbeiten. Wenn es heftig schneit und stürmt, dann steht sogar der Verkehr auf der Straße still. Unsere gewohnte Tagesordnung wird unterbrochen. Unsere Pläne und unsere Hektik werden durchbrochen. Wir tun uns schwer damit, weil wir bewusst oder unbewusst erahnen, dass nicht alles machbar ist und uns deutlich wird, dass unser persönliches und soziales Leben mehr denn je solche Zwischenzeiten, solche Unterbrechungen braucht, wenn wir die ganze Fülle des Lebens erfahren wollen. Wir brauchen eine neue Kultur der Langsamkeit, damit wir kreativer und dabei sogar auch effizienter sein und arbeiten können. Es fehlt uns in allen unseren Lebensvollzügen ein Ausgleich zum Ruhigwerden und Langsamsein, wie es uns der Winter Jahr für Jahr nahelegen will.

In unseren Arbeitsprozessen schleicht sich ganz subtil eine neue Form von Sklaverei ein: wenn wir uns dem pausenlosen Tempo unterordnen, wenn wir unsere Seele verkaufen an die menschenfeindlichen Götzen des ununterbrochenen Fortschritts und das Diktat der Schnelligkeit, von dem immer mehr Menschen krank werden. Der Winter führt uns zur spirituellen Dimension der Langsamkeit, zu einem einfacheren Lebensstil, zu einer menschlicheren Arbeitsatmosphäre. Spiritualität fördert nie nur einen ganz persönlichen

Weg, sie nährt einen zutiefst solidarischen Weg des Widerstandes für mehr Lebensqualität: für alle Menschen.

Langsam werden: aufatmen, sein dürfen vor aller Leistung.

Langsam werden: die vielen kraftvollen und mühsamen Erfahrungen sich setzen lassen.

Langsam werden: Schritt für Schritt mein Leben durchschreiten.

Langsam werden: einfühlsamer mit kranken und behinderten Menschen umgehen können.

Langsam werden: die Wunder der Schöpfung genießen können.

Die Zeit der Kälte

Ein Spaziergang durch eine kalte Schneeland-
schaft ist ein besonderes Erlebnis. Unser Atem
wird durch die Kälte sichtbar und wir können
spüren, wie Gott atmet in allem, was lebt. Das
Gehen in der Kälte regeneriert, und wie so oft
im Leben merken wir erst im Nachhinein, wie
wohltuend auch eine Anstrengung sein kann.
Zu Hause angekommen, nehmen wir die
Wärme intensiver wahr und unser Körper
fühlt sich wie neugeboren. Wir schlafen tiefer
und besser.

Auch unser Leib braucht Gegensätze, um
gesund zu bleiben. Die Kneipp-Therapie zeigt
uns, wie mit kaltem und warmem Wasser
über die Haut Temperaturreize vermittelt
werden, die im Körper positive Reaktionen
auslösen. So werden die Abwehrkräfte
gestärkt; Kreislauf und Nervensystem werden
angeregt. Dank der Sauna können wir lernen,
wie wir uns schützen können, wenn wir nicht

nur die Wärme, sondern auch die Kälte in unser Leben integrieren. In diesem scheinbaren Widerspruch liegt auch eine Spur zu Beziehungssituationen, in denen vieles wie erstarrt scheint. So wie die kahlen Bäume nicht nutzlos sind, so kann in uns selber und in unseren Beziehungen einiges erkalten, weil sie nach der Zeit der großen Leidenschaft in neue Dimensionen gelangen möchte.

Das ist auf keinen Fall ein Plädoyer für eine coole, eine unterkühlte Welt, in der eine oberflächliche Erstarrtheit und eine kühle Distanziertheit zum Ideal stilisiert wird. Ich meine – auf politischer Ebene – auch keine Eiszeit, keinen kalten Krieg, die Machterhalt fördern und Menschenrechte unterdrücken.

Nein, ich meine etwas anderes. Wenn eine Sache, ein Thema in einer Beziehung bewusst aufs Eis gelegt wird, dann halten wir sie frisch (!), und sie können später mit mehr Distanz und neuer Intensität angegangen werden. Es gibt auch eine „Ökologie der Beziehung", in der wir bewusst Themen nicht ansprechen, weil die Zeit dazu noch nicht reif ist. So können gerade gegenseitige Verletzungen in einem größeren Zusammenhang gesehen werden. Natürlich braucht es Wachsamkeit, um sich nicht an erkaltete Situationen zu gewöhnen!

Die Zeit der Dunkelheit

Neues Leben entsteht in der Dunkelheit.
Neues Leben richtet sich auf das Licht aus. Wir
können der Kraft der Dunkelheit mehr trauen,
sie ist ein Schonraum für das Wachstum.
Wesentliches kann sich ereignen im Dunkeln
– im Bauch des Fisches etwa, wie die biblische
Jonageschichte zeigt. Jona erkennt erst durch
sein Geworfensein in die Dunkelheit der Tiefe
sein wahres Selbst, seine Lebensaufgabe.
Wohltuend ist für mich beim Lesen dieser Geschichte die Erkenntnis, dass dieser innere
Geburtsprozess einfach geschieht, wenn die
Zeit reif ist. Meine Aufgabe ist, mich trotz
Angst und Verunsicherung diesem Lebenslauf
nicht entgegenzustellen. Vom hellen Chico-
réegemüse lerne ich, dass nur im Dunkeln
kraftvolle weiße Blätter wachsen und reifen
können. Die Wurzeln, die meist wie abgestorben aussehen, werden in einer Dunkelkam-
mer ins Wasser gelegt. Wenn ich nach einer

langen Wartezeit die Türe öffne, dann bin ich jedes Jahr zutiefst erstaunt über dieses große Wunder des Wachstums, das im Dunkeln geschieht. Es wird mir zur Lebenshilfe, um dunkle Zeiten, Erfahrungen des so genannten Stillstandes, in einem anderen Licht zu sehen. Wenn wir lebendig bleiben wollen, dann werden wir immer wieder dunkle Zeiten erfahren, in denen so viel Neues wachsen kann.

Auch auf einem intensiven spirituellen Weg kann ich der „dunklen Nacht der Seele" nicht ausweichen, wie der Mystiker Johannes von Kreuz sie beschreibt. Es braucht sie manchmal, um die Wärme und das Licht des inneren Feuers wieder neu zu entdecken. Denn der Zugang zu dem, was ich wirklich brauche und wirklich kann, kann sich mir manchmal erst durch eine Krise, ein Zurückgeworfensein auf mich selber, auch auf meine Schattenseiten, neu eröffnen.

Neues Leben sehnt sich immer nach Licht, darum werden in allen Religionen während der zunehmenden Dunkelheit Lichtfeste gefeiert, wie das hinduistische Lichterfest Divali, das jüdische Lichtfest Chanukka oder die christlichen Lichtfeiern in der Advents- und Weihnachtszeit.

Licht und Schatten gehören zu unserem Leben: Je größer das Licht ist, umso größer ist auch der Schatten.

Echte Menschwerdung ereignet sich in der alltäglichen Annahme dieser Wirklichkeit, nicht nur intellektuell, sondern auch emotional und spirituell.

Die Zeit des Wartens

Die winterliche Zeit eröffnet uns einen neuen Zugang zum Warten. Die Mystikerin Simone Weil (1909–1943) fasst ihre ganze Lebenseinstellung als *attente,* als Erwartung, als Aufmerksamkeit zusammen. Aktiv warten können schenkt uns so viel Entlastendes in unserem Leben. Wir erkranken immer mehr an Leib und Seele, weil wir alles sofort – und zwar *subito!* – haben möchten. Dabei hätten wir vielmehr eine Brachzeit nötig, eine Kultur der Leere, eine Zeit des Rückzuges in allen persönlichen, wirtschaftlichen, sozialen und ökologischen Zusammenhängen. Eine mystische Lebensgestaltung des Erwartens führt uns einmal mehr in die Annahme des Paradoxen, des Spannenden, Widersprüchlichen im Leben. Die christliche Adventszeit wird als eine Zeit der Erwartung umschrieben. Dabei geht es um eine Grundspannung, die allen aufmerksamen Menschen vertraut ist:

Mehr als alles vom Leben zu erwarten – und nichts zu erwarten, um die Kraft des Augenblicks zu erfahren.

Mehr als alles zu erwarten, um nicht hinter meinen Entfaltungsmöglichkeiten zurückzubleiben und um das Engagement für eine gerechtere Welt nie aufzugeben – und zugleich Tag für Tag offen zu sein für die Kraft des Hier und Jetzt. Aktiv warten können, das hat nichts zu tun mit einem passiven, in Resignation und Apathie verharrenden Abwarten, weil eh nichts geschehen wird; es nährt in mir vielmehr den Blick für das, was wirklich ist im Leben, für das Schöne und Lustvolle und zugleich für das Empörende und Ungerechte.

Aktiv warten können, heißt Tag für Tag voller Aufmerksamkeit, voller Mitgefühl zu sein in beharrlicher Geduld und in der kraftvollen Erinnerung, dass wir gesegnet sind in unserer Lebensmacht und in unserer Ohnmacht.

Die Zeit der Wintersonnwende

Sonne, Mond und Sterne faszinieren uns
Menschen. Sie beeinflussen uns, weil wir alle
Teil eines Ganzen sind, eingebunden in Schöpfung und Kosmos. Unsere ganze Zeiteint-
eilung ist durch das Erkennen dieses größeren
Zusammenhangs entstanden. Wir bewegen
uns im Jahreskreis und unser Blick weitet sich,
wenn wir staunend himmelwärts schauen. Es
ist nicht so, dass ich ein Leben lang auf ein
großes Wunder warte: In jeder klaren Nacht
entdecke ich Wundervolles am Sternen-
himmel. Dabei fühle ich mich klein und groß
zugleich. Der Blick himmelwärts lässt mich
über mich selber hinauswachsen, übersteigt
mich und verweist mich auf den Stern der
Hoffnung und des Vertrauens in mir, im tiefsten Grunde meines Seins, wo ich sein darf vor
allen Ansprüchen. So brauche ich meine Sehnsucht nach Anerkennung nicht auf große
Stars zu projizieren: Ich finde meinen Stern im

Alltag, entfalte meine Gaben und meine heilenden Kräfte.

Die Mondphasen, diese regelmäßigen Zeiten des Zu- und Abnehmens ermutigen mich, in meinem Lot zu sein, mein Gleichgewicht zu finden, indem ich mich einbringe und wieder zurücknehme, indem ich mich engagiere und wieder den Rückzug in die Stille wage. Durch den Mond lerne ich die Vereinbarkeit der Grundwerte von Zuverlässigkeit und Wandel. Maria Otto schreibt: „So unstet der Mond ist, so zuverlässig ist er auch in seinem Wandel. So sehr, dass die rhythmische Ablösung seiner Erscheinungsphasen seit Menschengedenken dazu herhalten konnte, die Flut der Ereignisse zu skandieren. Der auffällige Umkehrzyklus des Mondes wurde zum frühesten Zeitmaß, er stand über dem Kalender der ältesten Völker, und das lateinische Wort *mensis* für Monat hat dieselbe Wurzel wie *mensura*, das Maß." Dank meinem Eingebundensein in Schöpfung und Kosmos kann ich maß-voll leben lernen. So zeigt mir die Wintersonnwende am 21. Dezember, dass Zeiten größter Dunkelheit und tiefsten Standes, Zeiten des Nullpunktes nicht das Ende sind, sondern Beginn einer neuer Lebensphase. Dass Menschen diese Lebenszusammenhänge wieder entdecken, den Einfluss der Sterne, des Mondes und der Sonne auf unsere Befindlichkeit, zeigt, wie sehr wir auf eine Rückverbindung angewiesen sind. Alle Erkenntnisse einer seriösen Astrologie oder anderer Typologien wie dem Enneagramm – ein interessantes Modell der Seelenkunde, das aus der östlichen Weisheitstradition der Sufis stammt – tragen die Chance in sich, innere Wachstumsprozesse zu verstehen und zu deuten (vgl. Richard Rohr/ Andreas Ebert, Das Enneagramm. Die 9 Gesichter der Seele, München 2010). Sie tragen auch die Gefahr einer unmündigen Abhängigkeit in sich. Es braucht Klugheit und eine gesunde Distanz, um sich nicht manipulieren zu lassen. Zugleich können äußere Begebenheiten innere Erfahrungen deuten. So haben zum Beispiel frühchristliche Theologen die

Beziehung von Sonne und Mond als Bilder gesehen, die kritisch die Stellung der Kirche aufzeigen. Die Kirche ist wie der Mond; er empfängt sein ganzes Licht von der Sonne, um in die Nacht hineinzustrahlen. So ist die Kirche nie Selbstzweck und darf nicht um sich selber kreisen, sondern sie ist da, um die Christussonne aufzunehmen, damit die dunklen Situationen des Lebens erhellt werden können. Eine „lunare", eine „Mond"-Kirche übt das Abnehmen, das Sterben ein, indem sie Reformen fördert dem Leben zuliebe. In dieser Hoffnung engagiere ich mich weiterhin für eine offene, zärtlichere, tolerantere Kirche, die zu Reformen und zum Wandel bereit ist.

Zeit der Träume

Schnee, Sonne und ein klarer, blauer Himmel über einer besonders schönen Gegend: Das erfahren wir als Traumlandschaft. Wie im Traum sind da Grenzen zwischen Vergangenheit, Gegenwart und Zukunft aufgehoben – Fenster der Ewigkeit eröffnen sich. Wie in einem schönen Traum erscheint uns alles viel näher, viel greifbarer, und wir fühlen uns leicht und eins mit Schöpfung und Kosmos. Unsere Träume sind wichtige spirituelle Begleiter. Sie zeigen uns schöpfungszentrierte Urbilder – wie wir sie etwa auch in der Weisheit der Kelten entdecken können. Die keltische Welt ist voller Unmittelbarkeit und Zugehörigkeit, sie kennt keinen Dualismus. John O'Donohue erzählt in seinem Buch „Anam Cara" von der lebensnotwendigen Einheit von Körper-Geist-Seele, die wir auch in unseren Träumen immer wieder klar entdecken können.

Wir sollten diesen verfehlten Dualismus, der die Seele vom Körper scheidet, vermeiden. Die Seele ist nicht einfach im Körper verborgen in irgendeinem versteckten Winkel. In Wahrheit verhält es sich genau umgekehrt: Der Körper ist in der Seele und die Seele durchdringt uns vollständig. Deshalb ist jeder von einem geheimen herrlichen Seelenlicht umgeben ... Unser Körper kennt uns sehr gut. Er ist unseres ganzen geistig-seelischen Lebens gewahr.

John O'Donohue

Welch eine befreiende Lebenseinstellung! Unser Körper ist in der Seele, in Gott immer schon aufgehoben. Von dieser Hoffnung spricht auch ein Vers in der biblischen Apostelgeschichte: „In ihm leben wir, bewegen wir uns und sind wir" (17,28).

Träume können uns auf diese ursprüngliche Verbundenheit hinweisen. Manchmal tun sie es auch durch schreckliche Bilder. Sie zeigen uns unverarbeitete Erfahrungen, die wir nochmals anschauen müssen, um echte

Heilung und Versöhnung zu erfahren. Sie konfrontieren uns mit unseren destruktiven Seiten, mit Gewalt und Angst. Sie zeigen uns Todesbilder, damit wir anders im Leben und Sterben stehen.

Die zwölf heiligen Nächte zwischen dem 25. Dezember und dem 6. Januar laden uns ein, besonders auf unsere Träume zu achten. Auch für die Kelten waren die zwölf Nächte nach der Sonnwende besonders bedeutsam. Bei den Germanen galten sie als heilig, sie wurden auch Rau- oder Rauch-Nächte genannt. Das Wort *rau* erinnert an die bösen Geister, die man ausräucherte. So gehen bis heute Menschen am 24. oder 31. Dezember oder am 6. Januar mit Weihrauch durch ihre Häuser und Wohnungen, um Vergangenes loszulassen und das Neue segnend zu empfangen. Träume können uns dabei eine Hilfe sein, weil sie unverarbeitetes Dunkles nochmals ans Licht holen, damit es verwandelt werden kann und wir unbelasteter ins neue Jahr hineingehen können.

Die Zeit des Neuanfangs

In uns lebt die tiefe Sehnsucht, ein Leben lang neu anfangen zu können. Der Zyklus der Jahreszeiten kultiviert diese Sehnsucht, obwohl wir auch wissen, dass wir weder aus unserer Haut noch aus unsere Geschichte aussteigen können. Trotz dieses Wissens verzaubert uns der Neuanfang eines Jahres für einige Stunden oder Tage. Zum Glück! Neu muss eben nicht nur bedeuten ganz anders und noch nie dagewesen; neu kann auch bedeuten, Vertrautes so zu erleben, wie wenn es zum ersten Mal wäre. Durch die Kraft der Liebe können wir Menschen, die wir schon lange kennen, auf einmal wieder so sehen, als begegneten wir ihnen zum ersten Mal. Wenn wir einen uralten Brauch, eine alte Tradition neu in unser Leben integrieren, als seien diese Lebensweisheiten nur für uns allein geschaffen worden, dann erleben wir sinnstiftende Momente, die tragen und Geborgenheit schenken. Ein altes

Lebenswort aus einem heiligen Buch so hören, als würde es nur für mich ausgesprochen, gehört zum Beglückendsten im Leben.

Das erste Wort der hebräischen Bibel *bereschit* wird leider immer wieder übersetzt mit „am Anfang" – und nicht wie eigentlich richtig „*im* Anfang". Dieser kleine Unterschied sagt sehr viel über die Lebenseinstellung aus: „am Anfang" zeugt von einem statischen Akt, der ein für allemal geschehen ist; „im Anfang" erzählt von einem dynamischen, zyklischen, prozessorientierten Lebensgefühl, in dem wir als Freundinnen und Freunde Gottes mitschöpferisch werden.

Die Kraft eines Neuanfangs schenkt sich uns, wenn wir einander nicht nur mit Floskeln ein gutes neues Jahr wünschen, sondern zu einem schöpferischen Neuanfang ermutigen, in dem wir Versöhnung suchen mit unserer Geschichte, in dem wir aus den Quellen der Tradition schöpfen, in dem wir unsere Verwurzelung feiern.

Die Zeit der Verunsicherung

Die Winterzeit mit ihren kahlen Bäumen und Sträuchern, den kargen Landschaften und ihren trüben Tagen löst bei mir auch Verunsicherung aus: Zweifel und ein diffuses Gefühl können sich breitmachen mit der Frage, ob nach – und dank! – einer solchen Brachzeit wirklich neues Leben blühen, wachsen und reifen wird? Als Fontaine-André, wo ich wohnte, vor einigen Jahren wochenlang im Nebel eingeschlossen war, ging ich manchmal nur für eine halbe Stunde auf unseren Hausberg, um die Sonne zu sehen. Obwohl ich im Wetterbericht hörte, dass auf den Bergen über 1000 Meter die Sonne scheinen würde, war es für mich jedes Mal ein tiefes Erstaunen, dass es wirklich so war. Es ist eine ungeheure Erfahrung, durch Kälte und Nässe und diffuse Sichtlosigkeit hindurchzugehen und im warmen, klaren, hellen Licht der Sonne anzukommen. Der Nebel wird, von oben betrachtet, zu einer harmlosen weichen Decke über den Tälern. Genauso erstaunlich ist es, wenn der Nebel der Zweifel, der Ohnmacht und der Apathie durchbrochen werden kann. Es braucht dazu die Anstrengung, Gewohntes zu verlassen. Denn erst aus der Distanz kann ich den Alltag in einem anderen Licht sehen. – So beglückend der Durchbruch zur Sonne war, so schwierig war der Abstieg wieder in die Nebelzone. Alles sträubte sich in mir – und doch fand mein Leben, mein Alltag da seinen natürlichen Lauf. Diese Erfahrungen lassen mich in der Zeiten der Verunsicherung nach einer anderen Perspektive Ausschau halten. Es gibt nie nur eine Möglichkeit, einen Weg, eine Lösung im Leben. Die Sonne scheint immer, so wie der Atem Gottes uns immer belebt.

„Das Geheimnis der Erlösung heißt Erinnerung", heißt es im jüdischen Talmud. Es ist auch ein Sich-Erinnern, dass es eine andere Möglichkeit gibt als Fremdbestimmung, als das Eingeschlossensein in der Angst, als oberflächliches Überleben, als genügsames Funk-

tionieren. Es geht auch darum, sich zu
erinnern, dass das Glück sich in der Kraft des
Augenblicks ereignet.

Suche das Glück nicht außerhalb deiner selbst.
Lass die Vorstellung fahren, du könntest nicht
glücklich sein. Glück ist auch für dich
verfügbar – in dir selbst.
    Thich Nhat Hanh

Winter erleben
lernen das Gegensätzliche anzunehmen
Wärme und Kälte
Licht und Dunkelheit

Winter erfahren
hineinwachsen ins Urvertrauen
dass in der Tiefe
schon neues Leben keimt

Winter vertiefen
im lebensbefreienden Entdecken
einer Kultur der Langsamkeit
die solidarischer werden lässt

Winter verwirklichen
zur Ruhe kommen
miteinander schweigen
einander zur Brachzeit bestärken

Gesegnet sei deine Brachzeit
damit du die Kraft der Leere
erfahren kannst
die zu neuer Kreativität bewegt

Gesegnet sei deine Langsamkeit
damit du dich nicht verlierst im Engagement
und sich dir Schritt für Schritt
neue Perspektiven der Hoffnung eröffnen

Gesegnet sei dein Weg
durch die Dunkelheit der Selbstzweifel
damit du mitfühlender werden kannst
mit aller leidenden Kreatur

Gesegnet sei dein Weg
dem Licht entgegen
jeden Tag neu

Ich wünsche euch
die Gabe der Ausgelassenheit
die Kraft des Humors
der vom lachenden Segen spricht

Ich wünsche euch
die Gabe des Durchhaltens
in dunklen Zeiten der Verunsicherung
die von der zärtlichen Zuwendung Gottes
    erzählt

Ich wünsche euch
die Gabe der Geduld
in ein gegenseitiges Wachstum
das unscheinbar in der Tiefe geschieht

Ich wünsche euch
die Gabe der Hoffnung
damit erstarrte Beziehungsmuster
auftauen im zärtlichen Zusammensein

Zum Ausklang

Mit dem Rhythmus der Jahreszeiten
dem Leben offener begegnen
im Annehmen der vielschichtigen Unaus-
    geglichenheit
die zum toleranten Miteinander bestärkt

Mit dem Rhythmus der Jahreszeiten
den inneren Seelenlandschaften begegnen
sich nicht mehr abwerten und verurteilen
in Zeiten der Kargheit und Leere
sich voller Dankbarkeit freuen
in den Zeiten des Aufbruchs und der Ernte
sich dem Lebensfluss anvertrauen

Mit dem Rhythmus der Jahreszeiten
die Kraft der Ewigkeit erahnen
hinter die Bilder und Erfahrungen schauen
die zum Verweilen im Hier und Jetzt einladen
zum aufatmenden Erkennen
Teil eines Ganzen zu sein

Quellenverzeichnis

Seite 6: Hilde Domin, „Bitte", aus: Dies., Gesammelte
Gedichte © S. Fischer Verlag GmbH, Frankfurt am
Main 1987, 117.

Seite 9: Dorothee Sölle, Mystik des Todes, Stuttgart 2003,
73.74; auch als Herder Spektrum Taschenbuch 6158
(November 2011).

Seite 24: Hans-Georg Möller, Laozi. Meister der Spiritualität, Herder Spektrum Taschenbuch 5080, Freiburg
im Breisgau 2003, 122.

Seite 44: Vgl. Wunibald Müller, Küssen ist beten. Sexualität als Quelle der Spiritualität, Mainz 2003, 43.

Seite 69: Franz Alt, Der ökologische Jesus. Vertrauen in die
Schöpfung © Riemann Verlag, München, in der
Verlagsgruppe Random House GmbH.

Seite 78: Ernesto Cardenal, Das Buch von der Liebe. Latein-
amerikanische Psalmen © Peter Hammer Verlag
Wuppertal, Neuausgabe 2004.

Seite 79f.: Irmtraud Tarr, Fest wie ein Stein oder sich selbst
treu sein, Herder Spektrum Taschenbuch 5185,
Freiburg im Breisgau 2002, 9.

Seite 81: Uwe Wolff, Die Weisheit der Muschel. Geschichten
vom inneren Reichtum, Ostfildern 2010. © beim Autor.

Seite 107: Daniel Hell, Die Sprache der Seele verstehen. Die Wüstenväter als Therapeuten, Herder Spektrum 5191, Freiburg im Breisgau 2002, 112.

Seite 109: Ruedi Josuran/Verena Hoehne/Daniel Hell, Mittendrin und nicht dabei. Mit Depressionen leben lernen © Haffmans Sachbuch 1999, 111.

Seite 111: Vgl. Zeitschrift „ferment" 3/2002: Baumzeichen. Meditative Texte von Pierre Stutz.

Seite 112: Ulrich Schaffer, Verwurzelt wie ein Baum oder Wachsen ins Leben, Herder Spektrum Taschenbuch 5184, Freiburg im Breisgau 2002, 5; 110 © beim Autor.

Seite 115: Khalil Gibran, Der Prophet. Neu übertragen von Ulrich Schaffer, Herder Spektrum Taschenbuch 5089, Freiburg im Breisgau 2002, 40.

Seite 116: Vgl. Elisabeth Lukas, Für dich. Heilende Geschichten der Liebe © Kösel, München 2003, 48.

Seite 140: Maria Otto, Sanft und verzaubernd – der Mond. Inspirationen bei Nacht, Herder Spektrum 5008, Freiburg im Breisgau 1998, 57.

Seite 146: John O'Donohue, Anam Cara. Das Buch der keltischen Weisheiten. Ins Deutsche übersetzt von Giovanni und Ditte Bandini © 1997 Deutscher Taschenbuch Verlag, München.

Seite 153: Thich Nhat Hanh, Das Herz von Buddhas Lehre, Herder Spektrum Taschenbuch, Freiburg im Breisgau 6 2011.

Pierre Stutz im Verlag Herder

In der Weite des Himmels
Ein meditativer Gang durch die Bibel
200 Seiten | Flexcover mit Leseband
ISBN 978–3–451–32328–7

50 Rituale für die Seele
Herausgegeben von Andreas Baumeister
150 Seiten | Gebunden mit Schutzumschlag
!SBN 978–3–451–30401–9

Was meinem Leben Tiefe gibt
Aktualisierte Neuausgabe
Herder Spektrum Taschenbuch 6296
ISBN 978–3–451–06296–4

Engel des Trostes wünsche ich dir
Briefe an Trauernde
ca. 128 Seiten | Gebunden
ISBN 978–3–451–33248–7

HERDER

Herder spektrum Taschenbuch Band 7125

Neuausgabe von „Zeit des Wachsens, Zeit des Reifens"
Herder spektrum Band 5869
Neu bearbeitet von Ulrich Sander

© Verlag Herder GmbH, Freiburg im Breisgau 2011
Alle Rechte vorbehalten
www.herder.de

Umschlaggestaltung und -konzeption:
Agentur R · M · E Eschlbeck/Hanel/Gober
Umschlagmotive: © Ionnis Panzi – Fotolia.com/Designbüro
gestaltungssaal, Sabine Hanel
Satz: fgb · freiburger graphische betriebe
www.fgb.de
Herstellung: GGP Media GmbH, Pößneck

Gedruckt auf umweltfreundlichem,
chlorfrei gebleichtem Papier
Printed in Germany

ISBN 978-3-451-07125-6